우아한 기획자들의 요즘 업무 이야기

테크기업 일잘러는
어떻게 한술 더 뜨는가

우아한형제들 기획자들 지음

유엑스리뷰

우아한형제들
기획자들을 소개합니다

백승영 ∼∼∼∼∼ 배민스토어사업개발팀

김은혜 ∼∼∼∼∼ CSR팀

이세지 ∼∼∼∼∼ 지역성장협력파트팀

곽보연 ∼∼∼∼∼ 홍보실/홍보기획팀

이현주 ∼∼∼∼∼ 파트너커뮤니케이션팀

오아름 ∼∼∼∼∼ 캠페인플래닝팀

박경철 ∼∼∼∼∼ 푸드전시콘텐츠개발팀

박지영 ∼∼∼∼∼ 파트너프로덕트디자인팀

이후정 ∼∼∼∼∼ 푸드서비스기획팀

조영은 ∼∼∼∼∼ 컬쳐커뮤니케이션팀

우아한형제들
오피스 투어

배민은 더 일하기 좋은 공간에서 구성원이 일하도록 고민하고 제안하고 수정한다.
그들의 공간을 보는 것만으로도 우아한형제들의 일 문화를 체험할 수 있다.

신박한 아이디어와 탁월한 성과는 특별한 환경에서 나오고 있었다.

✦ 오피스 복도 ✦

'우아한형제들은 이렇게 일해요'라는 일 원칙을 포스터로 시각화해서 노출시킨다.

출처: 우아한형제들 사이트

회사의 일방적인 메시지로 느껴지지 않도록 하기 위함이다. 무심코 눈길이 닿는 곳에서 생각이 떠오르고, 생각이 행동으로 그리고 습관이 되도록 만든다.

✦ 코웍플레이스 1 ✦

많은 구성원이 자연스럽게 의견을 교환하도록 만든 코워킹 공간. 배민은 우연히 마주치는 순간이 때로는 긴 회의를 줄여 줄 수 있다고 믿는다. 그래서 자유롭게 대화가 오가고, 즉흥적인 아이디어가 싹트는 이런 공간을 소중히 여긴다. 탁 트인 뷰와 따뜻한 분위기 속에서 일과 관계가 함께 자라나는 것. 그것이 배민다운 문화다.

한쪽 섹션에는 브랜드 아이덴티티와 감각을 드러내는 공간이 꾸려져 있다. 단순히 로고를 액자로 건 것이 아니라 회사의 철학과 아이덴티티를 상징한다.

✦ 청평 같은 방 ✦

일부러 가평이나 양평 등 서울에서 벗어난 곳으로 워크숍을 떠나 리프레시하고 새로운 아이디어를 얻듯이, 이 공간도 같은 의미를 담고 있다.

그래서 오피스와는 완전히 다른 분위기로 부잣집 거실처럼 편안함을 느낄 수 있도록 꾸민 공간이다.

이름은 '청평 같은 방'이다. 이곳에서 구성원들은 일상과 다른 공기를 마시며 아이디어를 주고받아 긍정적인 회의 문화를 만든다.

✦ 노멀 오피스 ✦

모션 데스크 구역과 120도 데스크 구역으로 나뉘어 있다. 듀얼 모니터가 갖춰진 집중형 좌석부터 한강 뷰가 시원하게 펼쳐지는 자리까지 일하는 방식에 딱 맞는 자리를 고르는 즐거움도 있다.

출처: 우아한형제들 사이트

북라인드

외부의 빛을 효과적으로 활용한 북라인드. 휴식 중에도 영감을 얻을 수 있도록 구성원들의 인생 책 200~300권을 진열해 책장을 세웠다.

이처럼 스스로 선택한 환경에서 주도적으로 일하며 진정한 몰입과 생산성을 이끈다.

✦ 트랙룸 ✦

대규모 인원이 모여 컨퍼런스를 열거나 발표 행사를 하는 공간. 더 넓게
그리고 더 좋은 위치에 만들었다.

프로젝트 경험과 커리어에 대한 고민을 나누고, 서로의 일과 과정을
자연스럽게 공유할 수 있다.

트랙 가장 높은 곳에 올라서면 파노라마처럼 펼쳐지는 한강 뷰까지 즐길 수 있다.

그런데 트랙 뒤로 넘어가면
공간의 분위기가
완전히 달라진다.

수영장 컨셉의 휴게 공간에서 작업을 하며 여유를 느끼는 우아한 기획자의 모습.

통창으로 바라보는
한강의 풍경은
마음을 잠시
내려놓을 수 있는
휴식을 선물한다.

잠시 휴가를 떠난 듯
온전한 쉼을 느낄 수 있다는
점이 이곳의 매력이다.

캠핑 의자에 앉아 업무를 보거나
은은하게 새 소리가 들리는 순간에
상상력은 깨어난다.

사내 카페테리아
(코웍플레이스 2)

구성원들이 티타임을 하면서 잡담도 나누고,
종종 팀원들과 야근하는 날 간식도 먹는 공간.

머리를 싸매는 누군가에게는 이곳이 새로운 시작의 자리가 된다.

출처: 배민다움 페이지

우아한 기획자들의 삶과 일, 그리고 작지만 큰 차이를 만들어내는 힘은 어디에서 나오는지 지금부터 그들의 일하는 방식을 알아보자!

우아한 기획자들의
요즘 업무 이야기

추천의 글

세련되고 멋지게 정리된 유망한 스타트업이나 대기업 직장인의
WORK LIFE STORY가 아니었다.
지극히도 평범한 직장인 한명 한명, 각자의 크고 작은 고민 속에서
길을 찾아가는 일과 성장의 기록이었다.

운 좋게 먼저 읽어본 독자이자 선배로서 느낀 건,
그들의 성장 비밀은 완벽함이 아니라 현실의 부족함 속에서
하루하루 최선을 다하려는 진심에 있다는 사실이었다.

제 동료들의 진솔한 이야기는 여러분의 출근길을 한결 가볍고
단단하게 만들어 줄 것이다.

- 권용규, 우아한형제들 파트너성장센터장·한국PR협회 이사

1년 전 우아한형제들 사내 글쓰기 스터디에서 만난 동료들에게
'글쓰기 방탈출'을 제안했다. 낮에는 누구보다 치열하게 일하던
동료들이 퇴근 후 그것도 소중한 금요일 밤까지 반납하면서
글쓰기에 몰두하는 모습이 놀랍고도 감동적이었다.
결국 모두가 글을 완성했고 전원 회의실 탈출에 성공했다.

그 모임을 기획하고 1년 동안 여정을 지켜본 입장에서
'내 경험이 누군가에게 도움이 됐으면 좋겠다'는 마음 하나로
1년 넘게 완주해낸 10명의 작가님들에게 아낌없는 박수를 보낸다.
연차와 직군은 다르지만 직장인으로서 각자의 고민을 외면하지 않고
부딪히며 해결하고 성장한 그들의 솔직한 이야기가
이 책에 고스란히 담겨 있다.

회사는 학교가 아니기에 혼자 고군분투하는 모두에게,
그리고 진로를 고민하는 모든 이들에게 이 책을 자신 있게 권한다.
같은 고민으로 자신만의 방향과 걸음을 내디딘 10명의 이야기가
누군가에게는 공감과 위로가,
또 누군가에게는 방법과 용기가 되어줄 것이다.

– 산타 PD, 《웹툰 보러 출근합니다》 저자·우아한형제들 콘텐츠 기획자

프롤로그

회사에서 한숨을 쉬며 먼 산을 바라본 적이 있나요?

작게는 당장의 회의가 끝나지 않을 것 같은 분노부터,
나만 상대방의 말을 못 알아듣는 듯한 자책,
오늘 쌓인 업무 앞에서 어디서부터 시작해야 할지 막막한 상황도 있죠.
가끔은 지금의 방식이 괜찮은 건지, 앞으로 이 일을 어떻게 해 나가야
할지와 같은 중·장기적인 걱정과 현타가 찾아올 때도 있습니다.

'이런 생각을 나만 하나?' 싶었지만 의외로 모두가
비슷한 고민을 하고 있더라고요.

저희는 날이 좋았던 어느 5월,
사내 글쓰기 스터디에서 만났습니다.
글쓰기라는 관심사 외에는 전부 다른 사람들이었죠.

프로덕트 매니저, 개발자, 기획자,
디자이너부터 사회공헌, 컬처 커뮤니케이션, 사업개발,
동반성장까지 다양한 직군과 팀에서 온 10명이었습니다.
연차도 신생아 신입부터 단군 고인물까지 고루 퍼져 있었죠.
그럼에도 일을 하며 어떤 생각을 하는지,
어떤 성장이 있었는지 이야기를 나누다 보니
우리의 고민은 결국 모두 비슷하다는 걸 깨달았습니다.

회사라는 곳은 우리를 끊임없이 생각하게 만들고
움직이게 하는 '정답 없는 문제집'입니다.

신입사원이라고 해서 레몬처럼 상큼하게도,
팔팔 끓는 열정으로도 일하지 않았습니다.
슈퍼 시니어라고 해서 카리스마를 휘두르며
남들보다 쉽고 멋있게 일하는 것도 아니었죠.

그저 우리 모두 하루하루 살아남기 위해
각자의 방식으로 노력하고,
부지런히 성장해 갈 뿐입니다.

드라마나 광고에 나오는 멋있는 회사원의 모습들―
정장을 입고 멋진 발표를 하거나, 나 홀로 고민한 프로덕트와
사업 아이디어가 대박을 터뜨리거나,
퇴근 후 함께 오늘의 경이로운 성공을 축하하며
맥주잔을 부딪히는 장면들―은 사실 다 거짓말이라고 말하며
우리는 웃었습니다.

그렇게 일이라는 같은 주제를 두고 각자의 고민과 성장을 담은
10편의 이야기를 기록했습니다.

어떤 글은 웃기면서 짠하고,
어떤 글은 괜스레 한 번 더 눈길이 가고,
어떤 글은 내 일처럼 공감이 될 것입니다.

이 책으로 여러분에게 완벽한 정답을 내릴 수는 없지만,
"혼자가 아니에요"라는 위로의 메시지와 함께
회사 생활에 조금이라도 도움이 되는
영감 한 스푼을 드리겠습니다.
감사합니다.

우아한형제들 기획자들

차례

우아한형제들 오피스 투어 • 003
추천의 글 • 018
프롤로그 • 020

Part 1 배민 4년 차, 일 잘하기 위한 노력 _백승영

01 다정함의 기술 030
02 일의 미학을 추구한다 036
03 리더에게 필요한 것들 039
04 팀원이 주도적으로 일하게 하려면? 049
부서/직무 소개 배민스토어사업개발팀 053

Part 2 먹는 경험을 만들어내는 일 _김은혜

01 일과 삶은 분리되지 않는다 056
02 강렬한 호기심, 고객 니즈 관점이 필요하다 060
03 쉬운 배달앱은 어떻게 탄생했을까 066
04 새로운 고객을 만족시키려면 073
05 일의 기쁨을 위한 조직 077
부서/직무 소개 CSR팀 080

Part 3 습관이 나를 결정한다 _이세지

- **01** 동반성장 기획자에 관하여   082
- **02** 회의를 바꿔낸 네 가지 변화   086
- **03** 나를 살리는 기록   093
- **부서/직무 소개** 지역성장협력파트   097

Part 4 스타트업에서 홍보하는 방법 _곽보연

- **01** 내가 하는 홍보라는 일   100
- **02** 생존을 위한 경고 신호   104
- **03** 우선순위와 호흡을 조율하는 법   108
- **04** 회사가 나를 이렇게 믿어도 될까?   113
- **05** 좋은 제도를 내 것으로 만드는 힘   118
- **부서/직무 소개** 홍보기획팀   123

Part 5 사장님에게 진심이 닿기를 _이현주

01	역할은 변해도 본질은 남는다	126
02	온보딩 프로그램의 목표	130
03	질문으로 만난 좋은 동료들	134
04	조각을 모아내는 사람이 일도 잘한다	138
05	잘하는 일에 집중하는 법	143
부서/직무 소개 파트너커뮤니케이션팀		147

Part 6 질투는 마케터의 연료 _오아름

01	나의 길을 찾아가는 시간	150
02	풍선 하나에도 마음을 담아	154
03	마케터란 포장을 잘해야지	158
04	옥수수와 임보에게 배운 브랜딩	163
부서/직무 소개 캠페인플래닝팀		170

Part 7 — 서비스의 뼈대를 만드는 일 _박경철

01	코드 뒤의 백엔드 개발자	172
02	가방 없인 외출을 못하는 이유	177
03	이벤트 뒤에 있는 손길	180
04	서비스 구현하기	184
05	시스템을 세우는 사람의 자질	189
부서/직무 소개	푸드전시콘텐츠개발팀	192

Part 8 — 완벽하지 않아도 달리는 법 _박지영

01	12년 차 프로덕트 디자이너의 하루	194
02	사장님이 사용자일 때 벌어지는 일	196
03	성인 ADHD 디자이너의 고백	198
04	직장인으로서의 나를 지키기	204
05	오늘도 신발끈을 묶으며	208
부서/직무 소개	파트너프로덕트디자인팀	214

Part 9 일상에서 건진 일잘러 전략 _이후정

01	문서 작업은 코스트코처럼	216
02	환경에는 돈을 아끼지 않는다	221
03	산을 오르듯 일에 임한다	224
04	사랑처럼 불쑥 찾아온 일	227
부서/직무 소개	푸드서비스기획팀	232

Part 10 조직에 가치를 입히는 사람 _조영은

01	빠져드는 몰입의 문화	234
02	온택트 팀빌딩: WOW타임	238
03	온보딩 개편기: 덜어낼 용기	244
04	일에도 쾌락이 필요하다	249
05	밤에는 집으로 출근한다	253
부서/직무 소개	컬쳐커뮤니케이션팀	258

Part 1.

배민 4년 차, 일 잘하기 위한 노력

백승영 (사업 PM, 배민스토어사업개발팀)

01

다정함의 기술

배민에 입사한 지 몇 주 되지 않았을 때 팀장님과의 1:1 면담 자리에서 이런 조언을 들었다. "승영님은 실제로 보면 굉장히 친절한 분인데 슬랙에서 보면 너무 딱딱하게 느껴져요. 슬랙에서도 평소 승영님 성격처럼 부드럽게 표현해 보면 어떨까요?"

배민에 와서 처음 받은 조언이 바로 '다정하게 이야기하라'는 것이었다. 직장 생활을 하면서 이런 피드백을 받은 것은 처음이었다. 그도 그럴 것이 당시 슬랙을 보면, 움직이는 귀여운 이모지들이 잔뜩 붙어있는 모두가 서로 친절하고 공손하게 커뮤니케이션을 하고 있었다. 이전 회사에서는 슬랙에서 건조한 말투와 간단한 용건 전달에만 집중했다. 오히려 위트 있는 농담을 섞으면 아무도 동조를 해주지 않아 외롭기까지 했다. 그래서 배민의 다정하고 따뜻한 일하는 문화가 더 특별하게 느껴졌고 참 마음에 들었다.

    효율적인 측면에서 보면 군더더기 없이 필요한 말만 깔끔하게 주고받는 게 가장 좋다. 왜냐하면 이것 말고도 할 일은 산더미처럼 쌓여있으니까. 야근은 하고 싶지 않으니까. 오늘은 제발 6시에 퇴근하고 싶으니까! 하루 평균 10시간 이상 일하는 나에게는 어쩌면 남에게 다정할 시간과 에너지가 항상 충분하지 않을 수 있다. 그럼에도 불구하고 내면의 다정함을 잃지 않는 이유는 '다정해야 일을 잘할 수 있다'는 사실을 알고 있기 때문이다.

    업무 특성상 여러 유관 부서와 함께 검토하고 조율할 일이 많다. 하나의 프로젝트를 완수하려면 각 팀의 입장과 어려운 상황까지 살펴, 공통된 방향으로 협의를 이끌어내야 한다. 여기서 다정함이라는 유전자가 없다면 프로젝트를 성공으로 이끌기 어렵다.

    언젠가 (지금은 퇴사한) 기획자 A님과 미팅을 하다가 서운했던 기억이 있다. A님이 그린 프로세스는 셀러 입장에서 받아들이기 힘든 구조여서 자초지종 상황을 설명드리고 조심스레 다른 방향을 제안했다. 그런데 A님은 한숨을 쉬면서 "그럼, 이렇게 안 하려면 어떻게 해야 되는데요?"라는 다소 딱딱한 말투로 답했다.

    그 순간 감정적으로는 협조하고 싶지 않다는 생각이 들었다. 협조는커녕 PM님의 모든 말이 부정적으로만 들리기 시작했다. 물론 이후에는 잘 협의해 마무리했지만, 만약 그분이 조금만 더 다정하게 말을 건넸다면 어땠을까?

> ### 🔍 일 잘하는 TIP 🔍

물론 모두가 내 마음 같을 수는 없기에 속상할 때도 많다. 내가 A를 요청하면 단호하게 B밖에 안 된다고 딱 잘라 말하는 사람이 있고, 논의를 시도해도 아예 문을 닫아버리는 사람도 있다. 회사의 일이지만 이런 순간에는 감정이 상한다.

하지만 '다정함'을 장착하고, 상대의 입장과 환경을 이해하며 대화를 이어가면 의외로 일이 수월하게 풀릴 때가 많다. 당장 해결이 어렵더라도 관계 안에서 다음 기회에 해결할 수 있는 방안이 마련된다.

일은 혼자서 할 수 없다. 기능 하나를 만드는 데에도 여러 팀과 여러 사람의 이해관계가 얽혀 있어서 내 마음대로 결정할 수 있는 일은 거의 없다. 늘 많은 사람과 함께해야 한다. '함께' 일해야 하니까 언제나 '다정'해야 한다. 그래야 일을 더 잘할 수 있다.

MBTI로 치면 나는 ENFJ, 흔히 소위 댕댕이 혹은 평화주의자라 불린다. 타고난 성격도 '다정함'을 중요하게 여기는 데 영향을 미치겠지만, 회사에서 밝음을 유지하는 것은 성격을 넘어서 일부러 노력한 결과다. 회의 때도 의도적으로 웃는 얼굴을 유지하려 한다. 업무 이야기에 바로 들어가기 전에 개인적으로 안부 인사를 묻거나, 삭막한 분위기를 깨기 위해 시시콜콜한 주제로 먼저 웃으면서 대화를 이끌기도 한다.

미팅에서 아이스브레이킹을 일부러 시도하는 사람들이 있다면 바로 내가 그중 한 명이다. 미팅을 진행할 때는 30분 안에 아젠다 논의를 다 소화해야 한다는 압박감이 마음속에 가득할지라도 상대에게 조급함을 내비치지는 않는다.

슬랙에 업무 요청 글을 올리고 나서도 혹시 내 글이 너무 삭막하거나, 일방적이지 않았는지 점검한다. 슬랙에서 무반응과 무플을 그냥 넘기지 않는다. 누군가 글을 올렸을 때 아무 반응이 없다면, 이모지 리액션이나 짧은 댓글이라도 챙긴다. 다른 조직의 사람들과 소통할 때도 고마움과 유머를 잊지 않으려 늘 노력한다.

각박한 업무 환경 속에서도 다정함을 잃지 않으려 노력하다 보면, 결국 그 다정함이 나에게 선물로 돌아온다는 사실을 깨닫게 된다. 누군가가 나에게 업무를 부탁하면 가능한 한 최선을 다해 챙겨주려고 노력한다. 그럴 때면 상대는 "이렇게까지 챙겨줘서 고맙다"고 말해준다. 이렇게 내가 먼저 베푼 다정함은 내가 급하게 누군가의 도움이 필요할 때 뜻밖의 구원처럼 돌아오기도 한다.

브라이언 헤어의 『다정한 것이 살아남는다』라는 책에는 이런 문장이 나온다. "우리는 만나고 눈을 마주치고 서로의 이야기를 들어야 한다. 오직 다정한 것만이 살아남을 수 있으므로", "우리의 삶은 얼마나 많은 적을 정복했느냐가 아니라 얼마나 많은 친구를 만들었느냐로 평가해야 한다."

다윈은 "진화라는 게임에서 승리하는 방법은 협력을 꽃피울 수 있게 친화력을 극대화하는 것"이라고 말했다. 지구 역사에서 오래 살아남은 종들의 비법은 적자생존으로 경쟁 구도 속에서 이긴 존재가 아니라 친화력으로 환경에 적응한 존재들이라는 것이다. 다정한 인간미를 내뿜는 사람들, 이른바 '다정미'를 가진 사람을 만나면 나도 모르게 동료애를 느낀다.

'우와, 저 사람 무척 다정하네!'
'저 사람도 아마 많은 노력을 하고 있겠지?'
'그대의 다정함 너무 멋져요! 화이팅!'
이런 마음을 담아 조용히 속으로 응원한다.

어느 날 퇴근 무렵, 화장실에 가려고 라운지를 지나가는데 갑자기 전 팀에서 함께 일했던 K님이 나를 불러 세웠다. "승영님, 요새 잘 지내세요? 아니, 워커홀릭이라면서요? 맨날 야근하신다고 들었어요." 나는 퇴근 무렵이 되면 시력이 흐려져서 K님이 내 옆을 지나가는지도 몰랐다. 그녀는 걱정 반, 충격 반의 표정으로 내 대답을 기다렸다.

"제가요? 저 워커홀릭 아니에요.

음… 야근은 할 수밖에 없어서 하는 거죠. 워커홀릭이라고 소문이라도 났나요?"

"네, 승영님. 워커홀릭이라고 소문났어요!"

"……"

복도에서 갑자기 듣게 된 '백승영 워커홀릭설'은 썩 달갑지 않았다. 보통 누군가를 워커홀릭이라고 부를 때는 앞에서가 아니라 뒤에서 수군거리기 마련이다. 나도 10년 넘게 회사 생활을 하면서 워커홀릭이 되지 않으려고 늘 조심해 왔다. 이전 회사에서 워커홀릭 선배들을 멋있다고 칭송했지만 속으로는 불편했다. 그들은 특유의 고지식함에 웃음이나 여유가 부족했기 때문이다. 농담도 잘 통하지 않았다. 다정하지 않은 사람이 많아 무서웠고 되도록 피하고 싶었다.

결국 내가 하고 싶은 말은, 만약 워커홀릭으로 소문이 난다면 무서운 워커홀릭이 아니라 '다정한 워커홀릭'으로 기억되고 싶다는 것이다. 성과만을 앞세우는 사람이 아니라 다정함을 바탕으로 협업의 힘을 키워내는 동료로 자리매김하고 싶다.

02

일의 미학을
추구한다

　미적 가치를 추구하는 사람의 삶은 그렇지 않은 사람의 삶보다 한층 더 풍요롭다. 봄과 여름 사이 나뭇잎의 미묘한 색 변화를 알아차리는 사람들. 길을 걷다가 아름다운 풍경을 보면 발걸음을 멈추고 사진에 담는 사람들.
　미술품 앞에서 몰입해 무아지경에 빠지는 사람들. 음악을 들으며 감동에 잠시 멈춰 서서 감탄하고, 문학 소설 속 작가의 신선한 발상에 무릎을 치며 눈시울을 붉히는 경험을 가진 사람들. 세상의 아름다움을 발견하고 사랑하는 그들의 삶은 그래서 더욱 풍요롭고, 그 사람의 삶 자체로 아름답다.

　나는 이렇게 아름다움을 즐기고 사랑하는 사람들에겐 분명 자신의 일도 그만큼 아름답게 완성하려는 마음이 있다고 생각한다.

내가 야근을 하는 이유는 첫째, 할당된 과제가 많은 탓이오. 둘째, 더 잘해보려고 두 번 세 번 노력했기 때문이다. 그러나 그 이면에는 '내 일을 아름답게 마무리하려는 욕심'이 자리하고 있다. 업무에 있어서 '완벽한 완성'이란 존재하지 않는다는 걸 알지만, 아무리 충분한 산출물이라도 꼼꼼하게 찾아보면 빈틈은 드러난다.

더 높은 목표를 기준으로 삼으면 산출물은 늘 미완성처럼 느껴진다. 물론 나는 성과를 내고 싶은 사람이다. 업무를 잘하는 데 있어 어떤 비밀스러운 요령이 있는 것은 아니지만, 일을 잘하고자 하는 마음만은 확고하다. 그 마음을 따라 더 깊이 내려가면 내가 가진 한계 이상으로 최선을 다하려는 의지가 자리한다.

이 태도를 달리 표현하면 '내 일을 아름답게 완성하려는 마음'이라 할 수 있다. 일본의 글로벌 전자부품 기업 교세라를 창립한 이나모리 가즈오가 『왜 일하는가』에서 말한 '일의 미적 성취'라는 표현에 크게 공감한 것도 그 때문이다. 남태평양 뉴브리튼섬의 어느 부족은 '열심히 일하면 마음도 성장한다'는 문화가 있다고 한다. 그들이 추구하는 것도 일을 아름답게 완성하고 그 과정을 겪으며 인격을 연마하는 '일의 미적 성취'이다.

🔍 일 잘하는 TIP

결국 미적 가치를 추구하는 마음이야말로 내가 일을 잘하고 싶어 하는 근본 이유임을 깨달았다. 다시 말해, 나 자신도 아름다운 사람이 되고 싶기에 일의 마무리 또한 아름답게 완성하고자 한다. 일을 할 때, 사소한 부분 하나까지 더 나아지려는 노력 자체가 진정으로 아름다운 행위라고 믿는다.

나의 자취이며, 기록이자 업적인 일의 결과물을 대충 엉성하게 내놓을 것인가 정성을 다해 공들여 완성할 것인가는 온전히 내가 어떻게 노력하느냐에 달려 있다.

이 회사에서 어떤 모습으로 남을 것인가? '아름다운 사람은 머문 자리도 아름답다'는 공중화장실 벽에서 잔소리처럼 본 글귀가 사실은 매우 깊은 삶의 태도를 담고 있다. 아름다움을 사랑하는 사람은 자신의 삶 또한 가치 있기를 바라며, 그것을 의미 있게 연출하기 위해 끊임없이 노력한다. 이런 관점에서 나의 자취로 남을 '내 일' 역시 아름답게 그려지기를 간절히 바란다.

03

리더에게
필요한 것들

　배민에 입사한 지 만 4년이 되어 간다. 입사하고 팀 이름이 5번이 바뀌었다. 팀장님은 4번 교체되었다. 배민은 트렌드에 굉장히 빠르게 대응하는 회사다. 빠른 대응을 위해 조직 변경도 기민하게 이루어진다. 속도가 참 빠르다. 업무 추진의 속도와 의사결정 속도는 이전 회사들과 비교할 수 없을 정도다. 말 그대로 날아가는 로켓이다. 그래서 빠르게 성장하는 것이다.

　특히 내가 속한 커머스 조직은 사업 초기 단계로 변화가 극심했다. 어떻게 하면 효율적으로 조직을 운영하고, 각 마켓 플레이스들이 성장할 수 있을지 끊임없이 고민하며 조직의 구성도 자주 바뀌었다. 숨 가쁜 변화와 소용돌이 속에서 자리를 잡는 것은 쉽지 않았다. '자리를 잡는다는 것'은 내가 중요한 일을 맡고 있는가로 가능할 수 있다. 또는 리더와 동료들이 나를 신뢰하고, 중요한 일을 맡길 만한 사람으로 인정해 준다는 의미다.

하지만 배민에 입사하고 나서는 내 성과를 1년 이상 지켜보고 평가해 줄 팀장님이 자주 바뀌었고, 나 역시 팀 이동이 잦아 역할도 계속 변했다. 한동안은 이 일을 하다가 또 다른 일을 하기를 반복했다. 그 때문에 내 성과를 제대로 보여줄 길이 없었던 것이 애석했다. 경력직으로 입사하면 누구나 자기 증명을 위해 고군분투하게 된다. 특히 이 변화의 시기에 마음이 무척 황량했다. 뛰어난 인재들이 많은 이곳에서 나도 잘하는 사람이라고 얼른 인정받아야 하는데 기회가 주어지지 않는 것 같아 조급해졌다.

그러던 중, 나의 역량에 잘 맞는 팀에 합류하게 됐다. 배민에서 2년 차가 됐을 무렵이다. 그 팀은 배민스토어사업개발팀이었고, 나는 사업개발 직무를 맡았다. 당시 B마트가 직매입으로 커머스를 운영했으며, 스토어는 3P 커머스 플랫폼으로 신규 셀러를 입점시키며 서비스를 확장하던 비즈니스 초입 단계였다.

나는 사업개발팀에서 여러 프로젝트를 이끌었다. 이때부터 이 팀의 사업개발 시니어로서 역량을 인정받기 시작했다. 본래 업무 욕심이 많은 편이었지만, 이 시기에 양적으로도 업무량이 상당했다. 하루 13~15시간을 일하는 날도 많았다. 어려운 문제를 스스로 해결해가면서 얻는 쾌감과 보람을 느끼는 일중독이기도 했지만, 그 과정에서 업무 능력을 인정받고 싶었다. '남이 보았을 때 접근하기 힘든 문제도 척척 잘 해결하는 '일 잘하는 사람'으로 자리 잡고 싶은 욕심이 있었다.

그 중 하나가 홈플러스 익스프레스 API 연동 입점 프로젝트였다. 대형 셀러로서는 첫 케이스였고, 당시 API 연동 스펙이 셀러의 요구사항과 대비해서는 많이 부족해 신규 개발 과제들이 많았다. 또, 대형 셀러와 시스템을 연동하는 프로젝트 외에 풀필먼트 프로젝트도 맡았다(현재는 서비스가 종료된 상태다). 이듬해에는 스토어 셀러 플랫폼의 고도화 프로젝트를 추가로 담당했다. 시간이 흐를수록 업무 영역이 넓어졌고, 더 깊게 이해해야 하는 도메인 영역들이 늘어나면서 커머스 고도화 파트가 수립되었다. 그렇게 사업개발팀에서 1년 5개월간 고군분투한 끝에 파트장 직책을 맡게 되었다.

작년까지 배민에서 '파트장'은 평가 권한이 없는 무늬만 파트장이었는데, 내가 파트장이 된 해부터는 팀원 평가와 결재를 하는 실질적인 '조직장' 역할을 하게 되었다. 이 회사에서 내가 누구를 평가하는 역할을 부여받다니. 마음이 무거워지는 한편, 모범을 보이며 이 소용돌이 속에서 끝까지 해내겠다고 다짐했다. 현재 6명의 파트원들과 더 나은 성과를 내기 위해 쌓은 경험과 노력을 공유하려 한다.

✦ STEP.1. 회의 아젠다 미리 준비하기

　내가 이끄는 파트는 사업 PM 역할이다 보니, 사업적 과제를 발굴해내고 추진하고 리드해야 한다. 사업적으로 이슈가 생기면 여러 도메인 영역(셀러/고객/주문/정산/상품 등)에 이슈 사항이 없는지 찾아내고 대응하는 것도 우리의 할 일이다. 여러 부서에 업무를 요청할 일이 많고, 다양한 협업 관계 속에 놓이는 경우가 많다.

　여러 부서와 함께 일을 해 나갈 때, 파트장으로서 나의 작은 희망은 '저 파트 친구들은 일 진짜 잘하네'라는 말을 듣는 것이다. '저 친구들 일 못해서 일이 안 된다', '저 사람은 이상해서 일이 진척이 안 된다'라는 말을 들으면 너무 속상할 것 같았다.

　욕을 피하기 위해 일하는 것이 일의 궁극적 목적은 아니다. 하지만 그 마음은 엄마의 마음과 닮아 있다. 자녀가 어디서든 흠잡히지 않고, 칭찬받으며, 자신감을 잃지 않고 당당히 서 있기를 바라는 마음과 같다.

　유관 부서와 논의할 일이 있으면 사전에 반드시 파트 내에서 검토를 한다. 어떤 아젠다인지, 미팅 전에 우리가 검토해야 할 내용들이 충분히 다뤄졌는지. 더 살펴봐야 할 것은 없는지, 그리고 하나의 이슈가 다른 영역에 미치는 영향은 없는지 등을 먼저 살펴본다. 우리가 리드하는 과제가 아닐지라도 원활한 협업과 문제 해결을 위해 꼭 필요한 과정이라고 생각한다. 즉, 회의에는 절대 아무 생각 없이 들어가지 않는다. 회의와 이슈를 대응할 때 우리의 기본 자세다. 회의 아젠다는 들어가서 파악하는 것이 아니라, 미리 알아보고 준비한다.

회의에 초대를 당하면(일주일 전에 잡히는 미팅콜도 있지만, 2-3일 전 혹은 전날이나 당일 갑작스럽게 초대받는 회의도 많기 때문에 '당한다'는 표현을 썼다) 멍하게 회의에 들어가지 않는다. 어떤 아젠다인지 문제를 파악하고 유관 부서의 요구 사항에 대해서 어떻게 피드백을 할지 방향성을 미리 정하고 들어간다. 최대한 회의 시간을 의미 있게 소비하려 노력한다.

🔍 일 잘하는 TIP 🔍

배민에서는 보통 구글 캘린더로 미팅을 잡는데 미팅을 잡는 사람은 이름 검색을 해서 상대방의 일주일 캘린더를 한 번에 보고, 빈 시간이 있으면 자유롭게 미팅콜(회의 시간 잡기)을 보낸다. "○○님 이 시간에 미팅을 잡아도 될까요?"라는 별도의 사전 양해 없이 회의 초대를 보낸다. 빈 시간에 미팅콜을 받으면 그대로 미팅에 참석하는 식이다.

이렇게 내 캘린더에는 내가 주최하거나 초대받은 회의가 가득 채워진다. 회의는 30분 단위일 때도 있고, 1시간 단위일 때도 있다. 하루에 많게는 7~8개 회의를 하기도 한다.

사전 검토는 당연해 보이지만, 본인이 호스트가 아닌 회의의 경우 앞뒤로 일정이 바빠서 아젠다를 미리 살피지 못하는 경우가 많다. 일이 많고 바쁘기 때문이다. 정신없는 거 알지 알지! 하지만 그러지 말자는 것이다. 집중해서 결론을 낼 회의 시간에 '이건 잘 몰라서 확인해 보고 오겠습니다'가 반복된다면, 그 회의는 실패한 회의다. 서로의 시간을 지키고 업무를 빠르게 진행하기 위해서는 회의 참석자들이 미리 준비해 오는 것이 매너라고 생각한다.

50개 이상 유관부서가 함께하는 큰 프로젝트가 있었다. 초반에는 회의 그 자리에서 확인 요청을 하는 방식을 썼는데, 이렇게 되니 회의가 끝나도 결론이 나지 않는 경우가 많았다. 그래서 그라운드 룰을 정했다. 모든 팀은 수요일 오후 4시 회의에 들어오기 전에, 문의할 아젠다와 담당자를 정확히 회의록에 수요일 점심 시간 이전까지 기입한다.

그리고 회의에 멘션된 사람은 회의 전까지 최대한 문의 사항에 대한 상황 파악과 검토 방향을 준비했다. 회의록의 아젠다를 미리 적고 미리 검토해오는 것만 잘 지켰을 뿐인데, 이 같은 그라운드 룰이 없을 때보다 업무 진척과 속도 수준이 확연히 높아졌다.

✦ STEP.2. 2주마다 원오원으로 만나기

파트원들 한 분 한 분이 맡는 과제들이 참 많다. 새로운 방향성에 맞추어 신규로 검토해야 하는 과제, 이미 진행 중인 과제, 운영 개선으로 소소하게 처리해야 하는 여러 과제들을 한꺼번에 진행하다 보니 때로는 계획과 전략 없이 근시안적으로 하루하루를 버티고 있다는 생각이 들 때도 있다.

한 번씩은 앞만 보고 달리던 흐름을 잠시 멈추고, 지금의 우선순위에 맞춰 제대로 일을 진행하고 있는지 점검하는 시간이 필요했다. 팀 전체 차원에서가 아니더라도, 최소한 우리 파트만큼은 월 단위와 주 단위를 고려해 미리 계획하며 일하면 좋겠다고 생각했다.

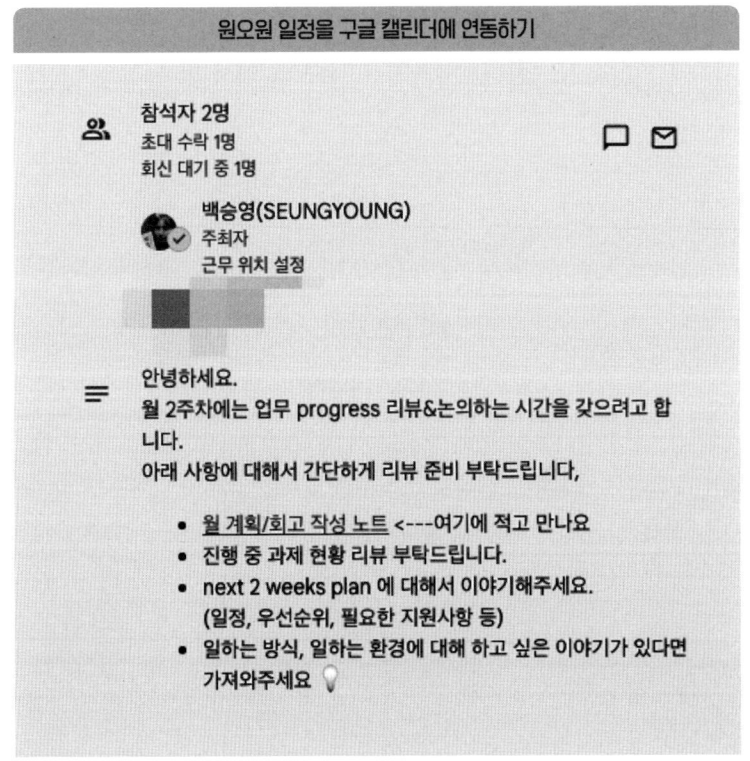

그렇게 해서 우리 파트는 매달 2번, 30분씩 원온원 시간을 갖는다. 이 시간에는 업무를 점검하고 일을 둘러싼 다양한 이야기를 나눈다. 월초에는 전월 회고와 이번 달 계획을 세우며, 월 중반에는 본인이 계획한 업무를 중심으로 진척도를 점검하고 개선 방안을 함께 모색한다.

그리고 나는 이 시간을 통해 틈틈이 요즘 안부를 묻는다. 고충이나 불편한 점은 없는지 편하게 이야기해 달라고 한다. 원오원을 하다 보면 각자 답답함을 안고 일하고 있음을 알게 되고, 그럴 때 나는 파트원의 대답 속에서 문제의 핵심을 짚는다. 가능한 바로 해결사가 되려고 노력한다. 이 과정을 통해 나 역시 많은 점을 반성하게 된다.

파트원의 대답 속에서 문제의 핵심 찾기

"제가 무슨 일을 하고 있는지 모르겠어요."
목표와 방향성이 불분명하다는 지적

"업무를 위한 업무는 조금 더 단순화했으면 좋겠어요."
불필요한 페이퍼워크에 대한 지적

"○○님이 해야 하는 거 아닌가요? 제가 챙기는 게 맞나요?"
R&R이 모호하다는 지적

R&R 기준을 명확히 정하자고 다짐하고, 업무를 효율적으로 할 수 있는 방안을 고민했다. 또한 업무를 지시하기 전에는 공감대를 잘 형성해야 하고, 새로운 업무를 진행할 때는 다른 과제와의 우선순위를 철저히 조율해야겠다고 생각했다.

일 잘하는 TIP

원온원의 효과는 이렇듯 내가 파트원의 고민과 고충을 풀어줄 포인트를 찾아낼 수 있다는 것이다. 그러나 가끔은 업무 이야기로만 원온원 시간을 모두 채울 때가 있는데 이런 원온원은 '반쪽짜리'라 생각한다. 원온원에서는 파트원의 감정과 만족감을 확인하는 것이 주 목적이 되어야 한다.

모두가 바쁘고 업무 싱크업 시간이 부족하기 때문에 바로 시도하기 쉽지 않지만, 내가 의식적으로 상기하며 노력할 수밖에 없다. 관리자의 위치에 있는 이상 늘 의도를 가지고 움직여야 함을 깨닫는다. 더욱 쓸모가 있는 시간이 되도록, 감독이 주가 아니라 파트원의 이야기를 더 많이 듣도록 고민하고 시도해야 한다.

✦ STEP.3. 파트원을 믿고 기다리기

파트원이 쓴 기획 문서를 보면, 내 눈에는 부족한 부분들이 보인다. '여기는 표로 만들었다면 이해하기 좋았을텐데.' '여기는 데이터가 부족하고 이건 논리가 맞지 않은 것 같은데.' 답답한 마음이 들어 빨간펜 선생님처럼 밑줄이 가득한 DM을 보내곤 했다. 그 메시지를 받은 당시 파트원의 기분은 과연 어땠을까?

내 입장에서는 유관 부서나 상위 리더가 보았을 때, 파트원의 이름으로 작성된 문서가 타박을 받을까 봐 전전긍긍하는 마음이 있었던 것 같다. 또한 내가 제대로 챙겨주지 못했다고 받아들일 수도 있지 않을까 하는 두려움도 있었다. 일은 기획 문서를 매개로 굴러가고, 그 문서를 통해 소통되기 때문이다.

그렇다고 그 파트원이 일을 못하는가? 아니다. 문서의 완벽함보다는 미팅을 통한 협상으로 일을 원활히 해결한다. 문서 능력은 다소 부족할 수 있지만 커뮤니케이션 능력, 추진력, 문제 해결력은 뛰어난 분이다. 파트원의 일하는 방식을 오래 지켜보면서 깨달았다.

🔍 일 잘하는 TIP 🔍

기획 문서가 완벽하게 다듬어지지 않았더라도 중요한 것은 일이 제대로 해결되는 것이다. 내 기준만을 고집하기보다 팀원을 믿자! 누구든 각자만의 문제 해결 방법이 있으니까. 꼭 자신의 방법이 정답은 아니다.

04

팀원이 주도적으로
일하게 하려면?

파트장 초기에는 6명의 파트원들에게 내가 모든 가이드라인을 주려고 노심초사하며 급급해했다. 파트원들이 놓친 슬랙 메시지까지 모조리 확인하고 리마인드 시켜주고, 검토해야 할 과제가 있으면 초안이나 항목을 미리 짜주기도 했다. 과제 기획안을 작성해야 한다면 목차와 로드맵까지 대략적으로 그려주는 것이 그들을 위한 일이라 생각했다.

그런데 아니었다. 내가 처음부터 모든 그림을 다 그려주니까 파트원들은 주체적으로 그림을 그리는 재미를 느낄 겨를이 없었다. 내가 이미 밥과 반찬을 다 요리해놓고 파트원에게는 빈 그릇에 반찬을 옮겨 담기만 하라는 식이었다. 밥상은 파트원이 차린 것이 아니게 됐다. 처음 스케치를 그려보는 것. 집 짓기의 뼈대를 세우는 그 재미를 내가 다 가져가 버리고, 나 혼자 빠른 속도감에 만족하고 있었던 것이다. 파트원들이 스스로 해내는 기회를 앗아갔고, 어쩌면 이는 장기적으로 볼 때 파트원들의 성장을 가로막는 행동이기도 했다.

지금은 180도 달라졌다. 못난 조급함을 내려놓았다. 구성원이 주체성을 갖고 일할 수 있도록 한 발 물러섰다. 먼저 말을 꺼내지도 않았다. 자신의 과제니까. 또한 실력을 믿고 기다리기로 했다. 과제의 초안은 스스로 잡도록 했다. 이후에야 내가 피드백을 주는 방식으로 전환했다. 처음부터 모든 영역을 챙기기보다는 도움을 요청받은 부분에 대해서만 방법을 제시했다.

결과는 대만족이었다. 이전보다 파트원들은 더 주도적으로 본인의 과제를 챙겼고, 나는 슬랙 리마인드를 할 필요도 없어졌다. 과제의 진척도는 예전보다 훨씬 매끄럽게 진행됐다. 한 구성원은 기획 업무를 주도적으로 맡으면서 요즘 일이 재미있다고 했다. 예전에는 동기부여가 부족해 보였는데, 이제는 즐겁게 일하는 모습을 보니 나 역시 덩달아 힘이 났다.

업무에서 주체성과 자율성이 얼마나 중요한지 깨닫는 기회였다. 동기부여란 게 별게 아니다. 내 일이기에 책임감을 느끼고, 더 전문성을 쌓아가는 것이다. 스스로가 해결책을 만들면 그만큼 책임감이 커진다. 처음부터 본인이 만든 일이기에 업무 전반에 대한 전문성도 자연스럽게 생긴다.

 이러한 업무 방식은 내게도 도움이 됐다. 사실 모든 과제를 초입부터 검토하느라 조금 지쳐 있었는데, '위임'을 잘 하는 방향으로 바꾸고 나니 더 발전적인 피드백을 줄 수 있는 에너지를 확보할 수 있었다. 되도록 의사결정과 전체적인 큰 그림 정리에 집중했다. 덕분에 더 중요하고 필요한 부분에만 리소스를 쏟을 수 있게 됐다.

 조직장으로서의 과도기였다. 이제는 '위임'을 잘 하고 뒤에서 '서포트'를 더 잘할 수 있도록 노력하려 한다. 과도하게 간섭하지 않고 팀원을 믿고 기다리면서, 건강한 피드백을 줄 수 있는 좋은 코치가 되는 것이 앞으로의 또 다른 미션이라 생각한다. 화이팅!

🔍 일 잘하는 TIP

1. **초안은 팀원이 직접 잡도록 맡겨라**

    스스로 주체성을 가질 때 책임감과 전문성이 생긴다.

2. **도움은 요청받았을 때만 주어라**

    과도한 개입은 성장 기회를 빼앗는다.

3. **위임은 곧 동기부여다**

    본인이 직접 만든 일일수록 더 책임감 있고 즐겁게 일한다.

4. **조직장은 큰 그림과 의사결정에 집중하라**

    세세한 간섭보다 발전적인 피드백과 방향 제시가 효과적이다.

부서/직무 소개

백승영

배민스토어사업개발팀 커머스셀러고도화파트
#신규BM #서비스고도화 #성장과제

보통 사업 개발이라고 하면 "VC처럼 투자하는 건가요?"라는 질문을 많이 받는데요, 배민의 사업 개발은 그런 '재무형 투자'와는 좀 달라요. 저희는 배민 서비스 안에서 새로운 비즈니스 기회를 발굴하고, 기획부터 운영, 수익화까지 직접 설계하고 실행하는 역할을 합니다. 저희 팀의 미션을 세 가지로 정리하면 이렇습니다.

1. 시장 변화와 내부 자원을 연결하고 실현 가능한 BM과 실행안으로 구체화하기

2. 조직의 방향성과 맞닿은 성장 이니셔티브 만들기

3. 운영, 정책, 파트너십 등 여러 이해관계자를 조율해 실제로 굴러가는 구조 만들기

위 미션을 클리어하려면 서비스 기반이 탄탄해야 해요. 예를 들어 "새로 입점한 셀러가 빠르게 자리 잡고 매출을 올리려면 어떤 기능과 정책이 필요할까?"라는 질문에서 출발해, 필요한 시스템을 설계하고 개발 조직과 협업해 구현합니다. 현재 저는 사업 PM으로 일하고 있으며, '셀러 온보딩(입점)부터 가게 관리, 상품, 프로모션, 주문, 정산, 결제, 클레임, VOC까지' 전 영역의 성장 과제들을 발굴하고 개선하는 작업을 하고 있습니다.

Part 2.

먹는 경험을 만들어내는 일

김은혜 (사회공헌 사업 기획/홍보, CSR팀)

01

일과 삶은
분리되지 않는다

"배민에서는 이렇게 일해요." 잔뜩 어깨에 힘을 주어 이야기하려다 중요한 것을 빼먹을 뻔했다는 생각이 스쳤다. 그것보다 "배민에서 '나는' 이렇게 일해요."가 완전한 문장이지 않을까? '나'를 빼놓고는 지금 내가 하고 있는 일을 온전히 설명할 수 있냔 말이다. 그렇다면 과감히 전 직장 시절까지 거슬러 올라가 본다. 이유는 곧 알게 될 것이다.

사실 내가 이전에 다닌 회사는 배민과는 접점이 전혀 없는 ○○전자였다. 거기서 조만간 다가올 세상의 모든 변화에 대한 선견지명을 장착하고 싶은 기획자였다. "그래, 미래의 고객들은 바로 이런 제품이나 서비스에 열광할 거야!"라며 실눈을 뜨고 늘 유저들을 관찰했다. 리서치는 끊임없이 많이 하고, 인사이트 리포트를 참 많이도 썼다. 유저 인터뷰 스크립트를 한 줄씩 짚어가며 행간의 모호함에 미간을 찌푸리고, 동시에 시대를 관통하는 기술 트렌드와 경쟁사의 비즈니스 전략에 무릎을 탁 치게 된다. 논리적인 분석과 직관적인 영감이 맞물리는 순간에 희열을 느꼈다.

나는 매년 선지자처럼 컨셉들을 만들어냈다. 그 컨셉은 목업으로 구현되고, 화면 속 UX로 그럴싸한 형태를 갖춰 연말 전략회의에 선보여졌다. 하지만 그중 양산까지 도달하기는 바늘구멍처럼 드물었다. 결국 진짜처럼 보이던 목업이 창고에 처박힐 때 나의 반짝이던 열정도 허무함으로 가라앉곤 했다. 그렇게 설렘과 허무를 오가며 세월은 흘러갔다.

어느새 나는 아이를 키우는 시절을 맞이했다. 일이 바쁘고 몸이 피곤하다는 핑계로 어린 눈에 너무 일찍 스마트폰을 쥐어주고 말았다. 스마트폰을 만드는 회사에 다니니 아이에게 긍정적인 디지털 습관을 심어줄 자신감이 있었다. 이걸 잘 활용하는 게 미래 세대를 살아가는 길이라 여기며 스스로를 오픈 마인드라 위안했다. 처음에는 앱으로 동요 듣기, 수 놀이를 하며 점차 아이는 스마트폰 사용에 익숙해졌다.

'학습적인 용도로만 쓰게 하겠다'는 적극적 다짐을 점점 망각해 버렸고, 아이의 스크린타임^{Screen-time}은 늘어만 갔다. 그러던 어느 날, 알파세대에 대한 붐이 일어나던 시점에 나는 관련 프로젝트를 맡았다. 키즈부터 미래의 주요 고객이 될 때까지 이들을 락인^{Lock-in}

해야 한다는 논리로 다양한 키즈 서비스에 대해 고민했다.

그러나 퇴근 후 스마트폰에 코를 박고 있는 아이의 모습을 마주할 때마다 미래 기술과 현재 우리 삶 사이의 괴리감이 파도처럼 밀려왔다. 회사에서는 (그 당시 혜성처럼 나타난) 로블록스의 고객 경험과 매력에 대해 열변을 토하다가도, 집에 돌아오면 로블록스 게임에 빠져 현질(현금으로 아이템을 구매)을 조르는 아이를 혼내는 기막힌 상황을 마주했다. 그렇다고 '회사에서는 아이들을 타깃한 메타버스 게임을 찬양하면서도 내 자식에게는 TV조차 보여주지 않아'라는 방식으로 일할 수 없었다.

바로 그때, 나는 깨달았다. 내 삶과 하는 일 사이에 '일체감'이 필요하다는 것을. 이런 괴리감은 그동안 내가 쌓아왔던 열정을 산산히 분열시켰다. 일에 대한 껍질을 깨고 삶의 여러 차원을 넘나들며 천천히 생각을 고르기 시작했다. 그렇게 한참을 헤매다 운명처럼 잡디Job Description를 만나게 된다. 바로 배민 사회공헌팀 (현 CSR팀)의 경력직 모집 공고였다. 처음엔 살짝 눈을 의심했지만, 잡디의 범위가 꽤 넓어 전혀 다른 업계, 직무의 사람도 지원해 볼만하다는 생각이 들었다. 기억을 더듬어 요약하자면 다음과 같다.

- **업무:** 배달의민족 플랫폼을 이용한 사회공헌 프로젝트 기획
- **우대 사항:** IT 서비스를 통한 사회적 가치 창출에 대한 이해도가 높은 분. 서비스 프로젝트 기획, 운영을 주도하고 다양한 파트너와 협업 경험이 있으신 분.

우아한형제들의 조직문화, 브랜딩, 성장에 대해서는 익히 들어왔던 터라 그 잡디는 더욱 자석처럼 내 마음을 끌어당겼다. 역시 배민은 사회공헌팀조차 이런 새로운 시각으로 사람을 뽑는구나!

이제 잠시 타임슬립을 좀 해보자. 내가 이렇게 글을 쓰고 있다는 건, 무사히 입사를 했다는 의미다. 그리고 이제 본격적으로 기획자로서의 눈과 감각이 어떤 사회공헌 프로젝트 어떻게 접목되었는지 풀어보고자 한다.

02

강렬한 호기심,
고객 니즈 관점이 필요하다

배민 사회공헌 프로젝트 중 '쉬운 배달앱 사용법'이라는 프로젝트가 있다. 배민으로 음식을 주문하는 과정을 누군가는 어려워할 수 있기 때문에 나이나 장애와 상관없이 쉽게 배울 수 있도록 일종의 설명서를 만든 것이다. 종이 책자로도 만들고, 두루두루 확산될 수 있게 웹사이트로도 만들었다. 큰 글자와 쉬운 정보 그리고 그림으로 배민앱의 다양한 서비스에 대해서 쉽게 이해할 수 있도록 자세히 풀어냈다.

그런데 사실 마음 한편에는 의문도 생겼다. 설명서를 만들었다고 해서 진짜 어르신들이 읽어보실까? 발달장애인이 이 설명서를 보면서 차근차근 배민앱을 사용할 수 있을까? 그냥 '이런 것도 만들어 두었습니다'로 끝나는 전시성 과제는 아닐까.

기획자는 세상에 내놓는 컨셉을 마치 피조물처럼 여긴다. 그래서 내가 창조한 프로덕이 많은 사람들에게 유용한 도움이 되어 살아 숨쉬길 바란다. 그러나 그때의 '쉬운 배달앱 사용법'은 마치 잘 만들어진 목업이 창고에 모셔져 있는 느낌이었다.

리서처의 호기심은 직접적으로 경험해 봐야(또는 사용자를 대면해야) 해소된다. 지난 회사를 다닐 때도 나는 몸소 겪어야 자신있게 주장할 수 있었다. 아직 한국에 정식으로 들어오지도 않았던 구글홈 스피커를 해외 직구해 써보고, 일본까지 가서 새로운 신제품을 직접 내 돈으로 구매해 사용해 보았다. 한번은 회사 샘플로 산 일본 가정용 홈로봇을 집에 가져와 아이에게 보여주고 반응을 직접 관찰하기도 했다. 그렇게 나는 늘 의심하는 소비자에서 확신하는 기획자가 될 수 있었다(물론 이후에 수도 없이 의심과 확신을 넘나들지만).

이 분야도 마찬가지다. 사회문제 역시 일반 프로덕트와 다르지 않게 고객 니즈 관점에서 접근해야 제대로 된 솔루션을 도출할 수 있다고 생각했다. 이 문제에 대해서도 다행히 실제 현장의 목소리를 들을 기회가 있었다.

한 사회복지사 선생님 말씀에 따르면, 발달장애인은 대부분 부모와 교사의 보호와 통제 속에서 생활하기 때문에 스스로가 원해서 선택하는 경험의 폭이 좁은 편이라고 한다. 비장애인의 경우에는 하루 24시간이 모자랄 정도로 많은 선택지 속에서 살아가지만 이들은 하루 일과가 복지관에 가고, 짧은 시간을 일터에서 보내고,

단순한 여가를 보낸 후 식사를 하는 단조로운 삶인 경우가 많다.

따라서 '먹는 경험'은 일상에서 큰 비중을 차지하고, 쉽게 만족감을 얻을 수 있는 기회라고 한다. 그렇기 때문에 이들이 배달앱을 사용할 줄 알게 되고 자기 결정에 따른 효능감을 느낄 수 있는 기회를 갖게 된다면 비단 식사를 넘어 '자신만의 삶을 살아내는 자립 능력'이 형성되는 과정이 될 수 있다(특히 배민앱에는 가족 결제 기능이 있다. 본인이 음식을 고르면, 가족 계정으로 연결된 대표자가 결제를 대신할 수 있는 기능으로 너무 과도하게 음식을 주문하는 것을 방지할 수도 있다). 이런 대화를 나눈 뒤, 배민앱을 활용하기 위해 어떤 교육이 필요한지에 대한 실질적인 논의로 이어졌다.

"발달장애인을 대상으로 한 교육은 다른 장애 유형과는 달라요. 개인마다 인지 수준의 차이가 너무 다르고, 같은 내용을 무수히 반복해야 해요… 아무리 쉬운 정보로 작성된 설명서라도 설명이 길어지면 텍스트를 자주 보지 않으세요. 직접 해볼 수 있도록 많이 경험하는 방식이 가장 효과적이에요."

선생님의 말을 듣고 아하 싶어 물었다. "가상으로 앱을 사용해 보도록 하면 어떨까요? '설명을 들으면서 이 버튼을 눌러 보세요'처럼 단계별로 진행하는 게임 방식이요." 선생님은 발달장애인을 위한 직업 흥미 검사가 있는데 마찬가지로 게임처럼 클릭하며 진행하는 방식이라 꽤 쉽게 따라온다고 했다. 실제로 식당 키오스크 연습 앱을 교육에 활용한 뒤 지역 사회에 나가 현장 체험까지 이어지는 수업도 자주 있다고 덧붙였다.

그 얘기를 들으니 고개가 끄덕여졌다. 그래, 이렇게 직접 연습할 수 있는 기능이 필요해. 마음에 작은 확신이 더해졌다.

어느 날은 '쉬운 배달앱 사용법'을 주제로 노인복지관에서 현장 교육을 진행한 적이 있다. 하나의 행사로 구성해 60~70대 어르신들께 배달앱 사용법을 설명드리고, 배민이 기부한 식사권으로 실제 음식을 배달해보는 자리였다. 나는 의욕이 넘쳐 앱 사용법과 함께 어르신들이 앱 서비스의 UI 구조까지 익히실 수 있도록 하고 싶었다. 그러나 곧 그것이 지나친 욕심이었다는 걸 깨달았다.

배달 카테고리를 하나에 모아둔 '전체 메뉴 보기' 버튼(게다가 앱 개편으로 사라진 기능이었다), 검색 기능, 장바구니 개념, 그리고 민트색 버튼이 나오면 결정을 내리고 다음 단계로 넘어간다는 일종의 공통 규칙까지 설명다. 하지만 현장에서 당장 어르신들에게는 다소 추상적이고 복잡하게 들릴 수밖에 없었다. 마이크를 들고 있는 내내 진땀이 났고 결국 팀원들이 각 조에 배치되어 어르신들에게 개인 지도를 했다.

또 하나 크게 깨달은 점은 어르신에게 '할인'이 매우 강력한 동기 부여가 된다는 것이었다. 처음에는 주문 자체도 어려워하시는데 할인 쿠폰을 어떻게 찾아 쓰는지까지 알려드리는 것이 과연 필요할까 의문이 들 수 있다. 하지만 실제 교육 현장에서 쿠폰 이야기가 나오자 어르신들의 집중도가 확 달라졌다. 어디에 이런 쿠폰이 있는지, 주문 과정에서 어떻게 적용하는지를 알려드릴 때 반응이 가장 뜨거웠던 것이다. 결국 이런 소비 혜택이야말로 어르신들이 디지털 서비스를 적극적으로 활용하게 만드는 '실질적 동기'이자 디지털 격차를 줄이는 방법이라는 사실을 깨달았다.

🔍 일 잘하는 TIP 🔍

당시에는 교육을 완전히 망쳤다고 생각했다. 하지만 돌이켜 보면 그 경험이 없었다면 현실과 이상의 괴리를 제대로 깨닫지 못했을 것이다. 중요한 건 복잡한 설명이 아니었다. 목적을 달성할 수 있는 간단한 주문 플로우부터 직접 경험하게 하는 것이다. 그리고 '생각보다 쉽다'는 감각을 갖게 하는 일이었다. 그렇게 해야 자연스럽게 규칙과 구조를 익힐 수 있다.

그렇게 쏜살같이 시간이 흘렀다. 쉬운 배달앱 사용법은 그 모습 그대로 있었고, 어느새 또 다른 프로젝트들이 쏟아져 들어왔다. 직장 생활에서의 프로젝트는 '완벽하게 끝내는 일'이 아니다. 정해진 오픈 날짜에 맞춰 필요한 활동을 수행하면, 그다음 주요 주기가 돌아올 때까지는 아쉽더라도 잠시 흐린 눈을 하고 묻어두어야 한다. 그래야 동시에 다른 프로젝트들도 골고루 진척시킬 수 있기 때문이

다. 쌓여가는 업무와 새롭게 마주하는 상황 속에서 이 프로젝트는 당장 시급한 일이 아니게 되었다. 내년 4월과 5월(매년 4월 20일은 장애인의 날, 5월 셋째 주에 접근성의 날이 있다)을 기점으로 다시 본격적으로 다루면 될 일이었다.

그해 여름, 나는 접근성 프로젝트를 포함한 파트의 조직장을 맡게 되었고 정신없이 연말을 향해 달려갔다. 조직장이 되고 보니 단순히 프로젝트만 잘 수행해서는 안 된다는 걸 곧 깨달았다. 우리 팀이 집중하는 문제를 실질적으로 풀어줄 수 있는 유관 부서나, 혹은 리소스 측면에서 이해관계가 충돌할 수도 있는 조직과 어떻게 공감대를 형성하고 같은 방향을 바라볼 수 있게 하는 것이 중요했다. 속도가 느리더라도 말이다. 쉬운 일은 아니었지만 그럴수록 결국은 본질에 집중해야 한다고 스스로 다짐했다.

과연 배민은 정말 누구나 쓰기 쉽도록 쉬워져야 할까? 이 서비스는 저소득층이 절대 쓸 수 없을 정도로 고가의 서비스는 아니니까 돈이 있고 없고의 문제가 아니다. 이 서비스를 사용할 줄 아는 것이 구체적으로 고령자와 장애인의 삶에 정말 도움이 될까? 이번에도 피하지 않고 투명하게 문제에 직면했다. 그리고 먼저 내가 확신해야 누군가를 진심으로 설득할 수 있다고 믿었다. 지난번 발달장애인의 경우 현장에서 배운 것처럼 이번에는 고령자와 지체장애인까지 대상을 확대해서 들여다보고자 했다. 그래서 소셜임팩트 리서치 회사 '미션잇'과 함께 새로운 연구 프로젝트를 시작했다.

03

쉬운 배달앱은
어떻게 탄생했을까

　스스로 식사를 챙기기 어렵고, 직접 장을 보기 힘든 사람들. 그분들이 실제로 정말 배민앱을 사용할 수 있게 되었을 때, 삶에 어떤 변화가 생기는지를 확인해 보기로 했다.

　다음은 그렇게 해서 듣게 된 이야기들이다.

> **어르신 이야기 1**
> 요리를 준비할 때 가장 힘든 건 장을 보러 다니는 일이에요.
> 특히 날씨가 궂은 날에는 미끄러질까 봐 외출이 어려워서 그럴 땐 집에 있는 걸로 대충 끼니를 때우는 경우가 많아요.

어르신 이야기 2

집안일을 조금만 해도 힘이 빠져요. 예전처럼 빠르게 하지 못하고요. 나이가 드니 체력이 달라지네요. 요리하는 게 귀찮아질 정도예요(실제 노인 실태 조사 연구를 보면 일상생활 수행 능력 중 식사 준비 항목의 자립 비율이 가장 낮다).

어느 휠체어 이용 어르신

평소에는 스스로 요리를 거의 못해요. 양념 하나 꺼내려 해도 전동 리프트를 타고 올라갔다가 내려오기를 반복하다 보면 너무 지치거든요. 그래서 가족들이 돌아올 때까지 기다리곤 하죠.

중도 장애 휠체어 이용 어르신

난 원래 식도락가였어요. 장애를 입고 나서 가장 슬프고 답답한 순간 중 하나가 원하는 식당에 갈 수 없게 된 거예요. 내 마음대로 어디나 갈 수 없다는 것 때문에 세상에 대한 원망도 커졌어요.

이분들은 우리 주변의 평범한 60, 70대 어르신들이었고 여느 어르신들과 마찬가지로 스마트폰을 쓰시더라도 젊은 사람들처럼 다양한 서비스를 자유롭게 이용하지 못했다. 이처럼 새로운 기술과 서비스가 많은 사람들의 일상을 바꾸고 문제 해결 속도를 높이고 있지만 그 트레드밀에 올라가지도 못한 사람들이 여전히 많다. 우리는 이렇게까지 빠르게 달려서 과연 어디에 도달하려는 것일까?

자본주의 무한경쟁 속 수많은 기업들은 매일 상품과 서비스를 만들어내고 새로운 선택지들은 우리 일상을 가득 채운다. 소비자는 변화에 맞춰 어떤 것을 선택할지 끊임없이 익숙해져야 하고, 기업은 그것을 만들어내고 발견하기 위해 많은 열정과 시간을 쏟아붓는다. 세상의 한쪽에서는 기술이 선사한 편리한 삶에서 소외되고, 다른 한쪽에서는 극단적 능력주의 속에서 소모되어 간다. 물론 이 빠르고 거대한 성장의 바퀴는 결코 멈추지 않을 것이다. 다만 나처럼 이 두 사회에 양다리를 걸치고 있는 사람들은 또 다른 종류의 트레드밀을 만들어야 하는 숙제를 안게 된다. 조금은 속도가 느려도 세상이 나아가는 방향으로 함께 걸어가기 위해서.

우리는 고령의 어르신 10명(장애가 있는 분 포함)께 배민앱 사용법을 자세히 안내해 드리고, 일정 기간 사용할 수 있는 배민 식사권을 지원해 사용해 보시도록 했다. 이후 몇몇 어르신들의 소회는 단순히 배달앱의 편리함을 넘어서는 깊은 의미가 있었다.

배민앱 사용 후 변화

변화 1. 장보기를 부탁하려고 누군가를 기다릴 필요가 없어서 좋았어요. 식재료가 바로 문 앞에 도착하니 마음이 정말 편했어요. 특히 앱 화면에서 배달이(배달 기사를 칭하는 표현)가 오고 있는 모습을 보면서 행복을 느낄 수 있었어요.

변화 2. 휠체어를 사용하는 장애인이 가장 힘들어하는 일 중 하나가 원하는 음식점을 마음대로 갈 수 없는 거예요. 그런데 배달앱을 통해 다양한 음식을 시켜먹으면서 정말 새로운 즐거움을 느꼈어요. 전에 배달 음식이라고 하면 치킨이나 피자 정도만 생각했는데 이번에 다양한 음식이 있다는 걸 알게 됐죠. 늘 집사람이 정해 주는 단조로운 메뉴에서 벗어나 선택의 폭도 넓어졌어요.

변화 3. 늘 남이 식사를 챙겨주니까 감사하면서도 먹는 게 습관이 되어 있었어요. 그런데 배달앱을 이용하니 내가 먹고 싶은 것을 직접 고를 수 있으니까 너무 좋고, 미안하거나 눈치를 볼 필요도 없어 좋았어요.

이 연구 리서치는 우리 팀의 큰 자산이 되었다. '왜 모두가 배민 앱을 쓸 수 있어야 하는가'라는 질문에 명확히 답할 수 있는 근거가 되었고, 그 확신은 우리 팀 내부의 동기를 강화하는 기반이 되었다. 누군가의 지시나 회사의 사회공헌이라는 명목만을 충족하기 위해서가 아니라, 정말 우리가 이 위치에서 할 수 있고 반드시 수행해야 할 일이라는 확신이 들었다. 이런 생생한 사례는 프로젝트를 대내외적으로 설명할 때마다 설득력을 높여주는 핵심 근거가 되었다.

실무 차원에서 보면 우리 파트에는 나를 포함해 총 4명의 어벤져스가 있다. '쉬운 배달앱 사용법' 프로젝트는 당초 파트원인 진달래님이 실무 책임자로 시작한 과제였다. 올해는 첫눈이님이 함께 홍보를 담당하고, 나는 작년부터 파트장으로서 이 프로젝트의 방향성을 총괄하고 있다(나머지 한 명인 구르미 엄마는 새로운 탄생을 위해 육아휴직 중이다).

작년 연말, 미션잇과의 리서치를 끝내고 올해 쉬운 배달앱 사용법에 대한 기획 방향을 논의할 때였다. 진달래님은 그동안 쉬운 배달앱 사용법의 웹사이트(easybaemin.com)가 시각장애인들의 호평을 받은 점을 좀 더 발전시키고 싶었다. 실제로 이 웹사이트는 시각장애인이 배민앱의 전체 구조를 상상하는 데 중요한 역할을 했으며, 원래 이 프로젝트의 대상자였던 발달장애인과 고령자를 넘어 보다 넓은 사용자 집단으로 확장될 가능성을 보여주었다.

그러나 시각장애인에 대한 효용성을 대폭 높이려면, 결국 배민앱 본체의 스크린 리더(화면의 텍스트와 이미지, 버튼 기능을 모두 읽어주는 시각장애인용 접근성 기능) 기능을 강화해야만 했다. 이 부분은 우리 팀의 역량만으로는 달성하기 어려운 과제이므로, 올해의 기획 방향은 기존 대상이었던 발달장애인과 고령자들이 좀 더 사용자 친화적인 방식으로 앱 사용법을 체험하는 기능까지 개선하기로 하였다. 특히 지난번 사회복지사 인터뷰에서 얻었던 '체험형 교육 자료'의 필요성은 프로젝트의 설계 원칙으로 자리 잡았다. 더불어 배민의 새로운 고객으로 고령자 분들이 진입하는 효과적인 통로도 될 수 있겠다는 생각이 동시에 들었다.

그렇게 시작된 쉬운 배달앱 사용법의 '연습하기' 개발 프로젝트. 디테일 장인 진달래님의 기획서를 바탕으로 디자인팀과 수차례 협의를 거쳐, 주문 플로우를 단계별로 자연스럽게 따라 할 수 있는 형식으로 완성되었다. 이후 개발팀과 디자인팀의 세심한 노력이 더해졌다.

누군가에게 '연습하기' 링크를 공유할 때 받는 사람은 다른 배경 설명 없이도 과연 시도해 볼 수 있을까? 이런 고민에서 출발해 배달앱이 필요한 상황을 자연스럽게 상상할 수 있도록 도입부를 만들자는 아이디어가 나왔다. 이어 화면이 하나씩 흘러가는 영상을 연상케 하는 방식으로 페이지를 구현하자는 제안이 나왔다. 또 실제 복지기관의 교육 활동에서 활용될 수 있도록 '연습하기'를 끝까지 완료한 참여자에게 식사 쿠폰을 지급하는 임시 배너 아이디어까지 더해졌다. 이처럼 다양한 아이디어들이 모여 '연습하기'를 풍성하게 만드는 단단한 토대가 되었다.

물론 마냥 좋은 일을 한다는 것이 모든 것을 커버하지는 않는다. 엄연히 회사 예산을 쓰는 일인 만큼 회사에 성과를 어떻게 증명하느냐도 너무나 중요하다. 이 글을 쓰고 있는 시점은 아직 연습하기 페이지를 오픈한 지 한 달도 안 된 시점이라 실효성을 판단하기엔 이르다. 하지만 앞으로 측정해 볼 기대 효과는 다음과 같다.

- 도달률 = 얼마나 많은 복지 및 공공 기관에 쉽게 전파되고 있는가?
- 활용성 = 기존의 정보성 웹사이트에 비해 '연습하기'라는 게임 형식으로 변함에 따라 리텐션 타임이 늘어나는가?
- 교육생 카운팅과 완료율 = 연습하기를 끝까지 성공한 사람의 수는?
- 화제성 = 얼마나 많은 고객들이 이러한 새로운 사회공헌 시도를 알아볼 것인가?

드디어 올해 세계 접근성의 날인 5월 15일. 보도자료 배포와 함께 모든 업데이트된 콘텐츠들을 시간에 맞춰 무사히 릴리즈했다. 우선 한국지능정보사회진흥원을 통해 디지털배움터(정보 취약 계층을 위한 공공 콘텐츠 플랫폼)에 쉬운 배달앱 사용법 자료와 연습하기 웹사이트를 연결해 두었고 여러 당사자 기관에 쉬운 배달앱 사용법 지류 책자를 배포하기 위해 신청을 받기 시작했다.

그다음 해야 할 일은 전혀 배경과 사업을 모르는 일반 고객들에게 홍보하는 것이다.

언제나 이 부분은 어려운 숙제이자 어쩌면 외면받는 것이 당연한 숙명이기도 하다. 이 글을 읽는 독자들도 특정 기업의 사회공헌 사업을 자신이 얼마나 알고 있는지 생각해보면 잘 기억나지 않을 것이다. 아마 배민이 이런 활동을 하는 것도 굉장히 생소하게 느껴질 수 있다. 가끔 지인들을 만나 일 이야기를 나눌 때면 그들의 반응은 십중팔구 비슷했다. "배민이 이런 좋은 일도 하는구나! 그런데 왜 많이 알리지 않는 거야? 사람들이 더 알면 좋을 텐데!"

04

새로운 고객을
만족시키려면

여기에는 세 가지의 고민이 있다. 첫째, 기업의 자원은 한정되어 있다. 한정된 자원으로 여러 가지 홍보를 진행해야 하는데 매출로 직결되는 프로모션 홍보와 눈에 보이지 않는 브랜드 이미지를 제고하는 사회공헌 홍보 중 우선순위는 당연히 고객 반응이 빠른 프로모션 홍보일 수밖에 없다. 둘째, 우리 팀 차원에서 한정된 예산을 더 많은 사회적 기여에 쓸 것인가 아니면 이 일을 대중에게 알리기 위해 쓸 것인가. 이 둘을 항상 저울질하게 된다.

셋째, 사람은 본능적으로 자신에게 이익이 되는 정보에 더 관심을 가지기 마련이다(첫 번째 내용과 연결된다). 그래서 기업의 사회공헌 사업은 태생적으로 대중에게 인기가 없는 한계를 가지고 있다. 우리는 이런 본질적인 핸디캡을 출발점으로 인정하고 그럼에도 불구하고 보다 나은 홍보 방법을 늘 치열하게 고민하고 있다.

이번에 우리가 정한 홍보 채널의 기준은 우선 사회공헌 관계자를 넘어 일반 대중까지 더 타깃으로 삼는 광고가 필요하다는 것이다(지난번 다른 프로젝트에서 집행했던 SNS 광고는 지나치게 업계의 사람들에게만 노출되었다. 내가 인스타그램을 보는 짧은 시간 동안에도 같은 광고가 몇 번이나 반복 타깃되어, 비용 대비 효율이 아쉬웠다). 그리고 한 장짜리 피드 이미지가 아닌 좀 더 생생한 맥락을 담는 것이었다. 그래서 이번에 결정한 것이 바로 '신이어마켓'과의 콜라보 릴스 제작이었다.

✦ 콜라보 릴스 with 신이어마켓

신이어마켓은 할머니 어르신들의 따뜻한 감성을 소재로 감각적인 굿즈와 콘텐츠를 만드는 브랜드다. 실제 여러 할머니들이 신이어마켓 직원으로 일하고 계시고 릴스에 주인공으로도 등장하는데, 그분들의 인생의 연륜에서 비롯되는 따뜻한 이야기들은 많은 젊은 이들에게 위로와 공감이 되고 있다. 어르신들의 삶에 관심과 애정을 보이는 신이어마켓의 인친들이 우리에게도 긍정적인 관심을 보여줄 것이라 생각되었다.

스토리는 이렇다. 신이어마켓에서 일하시는 할머니들이 젊은 구성원들을 응원하기 위해 디저트를 배달한다. 그 과정에서 연습하기를 통해 배민앱 사용법을 배우고, 결국 주문에 성공한다. 마지막 장면에 나오는 영수증의 가게 요청 문구가 포인트다! 궁금하면 인스타그램의 '@new.year_market'을 찾아봐주시라. 따뜻하면서도 위트 있는 이 릴스는 정말 많은 사랑을 받았고, 우리에게는 언제 어디서든 누구에게나 보여줄 수 있는 영상 콘텐츠를 하나 확보하는 기회가 되었다.

✦ '모두의 민트트랙' 프로젝트

홍보에 대한 또 다른 시도로 '모두의 민트트랙' 프로젝트를 빼놓을 수 없다. 모두의 민트트랙은 외식업주들의 가게에 경사로를 무료 설치해주는 접근성 프로젝트다. 이 사업은 미션잇과의 리서치 연구 이후에 스멀스멀 시작되었다. 인터뷰 자료들을 바탕으로 어떤 접근성 프로젝트를 진행할지 고민하던 차에 우리 파트의 첫눈이님이 오프라인으로 뭔가를 해보자는 아이디어를 냈다. 그때 내 머릿속에는 예전에 진달래님이 제안했던 식당에 휠체어나 유아차 이용자를 위한 경사로를 설치하자는 아이디어가 떠올랐다.

그러나 배민은 온라인 서비스를 메인으로 하는 기업인데 오프라인 가게를 지원하는 점이 상당한 거리감이 있었다. 따라서 상위 조직장을 설득하기 위해 마련한 근거는 두 가지였다.

하나는 해당 경사로의 디자인을 배민다운 스타일로 멋지게 제작하면 가게 앞 거리를 지나는 고객들에게 신선한 홍보 효과가 될 수 있다는 것이다. 또 다른 하나는 당시 픽업 서비스를 성장시키려는 비즈니스 방향에 결을 같이 하는 메시지를 전달할 수 있다는 것이었다. 그리고 역시 이번에도 디자인팀은 기대보다 더 멋진 결과물을 내놓아주었다.

'모두의 민트트랙'이라는 귀에 쏙 들어오는 네이밍과 함께, 우리는 팀장님의 푸시 푸시로 4월 20일 장애인의 날을 맞아 사회복지법인 따뜻한 동행과 함께 모두의 민트트랙 1호점을 완벽하게 설치했다. 그 결과 팀 역사상 처음으로 돈을 들이지 않고(중요!) 유명한 인스타그램 매거진 계정에서 민트트랙 프로젝트를 샤라웃해주는 쾌거도 이루었다.

모두의 아이디어와 설득 방향, 타이밍, 디자인이 완벽한 조화를 이루었던 프로젝트였다. 물론 가게 앞 경사로는 말 그대로 '모두의' 민트트랙이 되어 가게를 찾는 이동 약자 고객들과 어르신들로부터 큰 호응을 얻었다.

05

일의 기쁨을 위한 조직

음식에 대한 호기심과 즐거움, 그리고 만족감은 대부분 누구나 하루 세 번 찾아오는 일상의 행복이다. 배민앱은 식사 준비가 어렵거나 외식을 하기 힘든 분들에게 대안적인 통로가 될 수 있다. 그리고 더 나아가 누구나 새로운 가게를 장벽 없이 직접 방문하고, 단골이 되고, 또 배달로도, 픽업으로도 계속해서 맛있는 음식을 즐길 수 있도록 하고 싶었다. 이 모든 맥락을 담았기 때문에 쉬운 배달앱 사용법도, 모두의 민트트랙도 결과적으로 배민의 사회적 효용을 높이는 프로젝트가 될 수 있었다.

배민 특유의 협업 시너지는 가장 자랑하고 싶은 문화 중 하나다. 앞에 소개된 프로젝트는 사회공헌팀의 과제이기는 하지만 디자인팀, 영상팀, 개발팀이 한 마음으로 밀고 끌며 함께 완성했다. 더 나은 방향을 한번 더 곱씹고, 아이디어를 보태고, 좋은 결과의 퍼즐을 한 조각씩 맞춰갈 때마다 다같이 박수를 쳤다. 과정 곳곳에는 발자국처럼 남은 슬랙 속 "파이팅!", "감사합니다.", "최고예요!" 같은 메시지와 이모지가 있었다. 그것들은 언제나 진심이었고 우리에게 일을 즐겁게 이어갈 수 있는 원천이 되었다.

이 글을 쓰기까지 고민이 적지 않았다. 나는 주로 시장 관점에서 치열하게 고민해 온 사람이기에 독자들에게 이 분야를 얼마나 깊이 있게 전할 수 있을지 신중하게 생각했다. 다만 오해가 없었으면 하는 것은, 우리 팀에는 쭉 기업 사회공헌을 탄탄히 경험해 온 노련한 팀장님과 기업의 사회적 책임에 대해 높은 기준을 가진 팀원들도 많다. 그 속에서 상품기획적 마인드를 가진 나 역시 자연스럽게 시너지를 내고 있다. 나아가 이 분야에 대한 전문성을 더욱 쌓기 위해 지난 가을부터 대학원에서 사회복지 전공 석사과정을 밟고 있다.

첫 회사를 다닐 때는 그 직장을 떠나기가 두려웠다. 꽤 오래 다니기도 했고 회사 타이틀을 버리기도 아까웠다. 그때 나의 결정은 마치 절벽을 뛰어 건너는 일이었다. 그러나 지금은 그때 용기를 냈던 나 자신에 감사한다. 덕분에 내가 몰랐던 또 하나의 세상을 알게 되었고 우리가 발 딛고 사는 이 사회에서 필요로 하는 솔루션은 무궁무진하다는 것에 새로운 열정이 생겼다.

더 이상 한계에 다다른 듯한 상품 기획이 아니라 아직 충분한 솔루션들이 나오지 않은, 갈 길이 먼 소셜 니즈들은 다양한 혁신가들에게 너무나 즐거운 노다지다.

앞으로도 또 어떤 절벽을 뛰어넘게 될지는 모르겠다. 업무 과정에서뿐 아니라 일상과 의식 속에서 미래에 대한 상상도는 계속 변하고 깊어지고 있다. 다양한 사회 혁신가들을 가까이 만나며 많은 자극을 받고 여러 복지 분야의 법과 정책, 실천을 공부하면서 새로운 벽에도 부딪힌다. 오늘도 조금씩, 언젠가 결심해야 할 그 순간에 마음껏 뛰어넘을 수 있도록 확신의 한 스푼, 두 스푼을 부지런히 잘 채워 나가야겠다. -끗-

부서/직무 소개

김은혜

CSR팀

#사회공헌 #기업의사회적가치 #접근성

저는 배민 CSR팀에서 사회공헌 업무를 맡고 있습니다. 배민이 가장 잘할 수 있는 방식으로 사회문제 해결에 기여하는 것을 우리팀은 목표로 하고 있죠. 우선 배민은 음식을 배달하는 회사로 크게 성장해온 만큼 지역사회의 먹거리 안전망을 지키고 결식을 해소하는 일에 특히 관심이 많습니다. 손 안에서 수많은 메뉴를 고를 수 있는 서비스라서, 누구든지 소외되지 않고 맛있는 식사를 선택할 수 있도록 사용 장벽을 낮추는 것에 신경을 쓰고 있어요.

그래서 방학 중 결식이 우려되는 아이들을 위한 '배민방학도시락'과 정보 접근이 어려운 분들을 위한 '쉬운 배달앱 사용법' 프로젝트들이 꾸준히 이어지고 있습니다. 뿐만 아니라 배민과 함께 성장해온 외식업 사장님과 라이더 분들을 위해 의료비와 자녀 장학금을 지원하기도 합니다.

사회공헌 업무라고 해서 진중하다고만 생각하면 오산이에요. 종종 배민 앱 배너에서 이벤트를 통해 기발한 스토리를 풀어내면서 자연스럽게 고객들에게 사회문제를 환기시키기도 해요. 실험적인 홍보 기획도 적극 환영받고, 실제로 시도해볼 수 있는 기회도 열려있어요. 일반적인 NGO뿐 아니라 다양한 사회 혁신가들과 콜라보를 하면서 성장할 수 있는 기회도 많습니다. 사회에 기여하는 일이면서도 이토록 신나는 일을 하고 있다는 게 늘 감사한 마음이랍니다.

Part 3.

습관이
나를 결정한다

이세지 (동반성장 사업 기획/운영, 지역성장협력파트)

01

동반성장 기획자에 관하여

사람들이 나에게 "무슨 일 하세요?"라고 물어보면, 나는 3초 정도 뜸을 들인다. "음… 정부 부처나 지자체 같은 외부 기관과 협력해 동반성장 사업을 기획하고 운영하는 일을 해요." 그러면 대부분의 반응은 두 가지로 갈린다. "네? 어떤 일을 하신다고요?" 혹은 "아~ 그렇군요." (대화 종료)

정부 기관? 협력? 동반성장?

내가 하는 일은 마케터, 개발자, 디자이너처럼 귀에 익은 직업은 아니라서 설명하기가 쉽지 않다. 하지만 분명한 점 하나는 있다. 정말 다양한 사람을 많이 만나고 정말 많은 '회의'를 한다는 것이다. 어떤 날은 하루 종일 회의실을 전전하다가 퇴근할 때도 있다.

이 일을 시작한 지 채 1년도 되지 않았을 때, 내가 주고받은 명함만 벌써 200장이 넘었다.

평일 기준 1년은 약 260일. 그만큼 거의 매일 누군가를 만나 회의하고, 설명하고, 조율하고, 다시 다음 논의를 위한 회의를 잡는 일이 반복되었다. 그렇게 사람을 만나고 또 만나는 것이 나의 업무 일상이 된 것이다.

그렇다고 외부 사람들만 만나는 것은 아니다. '동반성장 사업'은 외부 파트너와의 협력은 물론, 내부의 다양한 부서 역량이 유기적으로 연결되어야 비로소 실행 가능한 일이기 때문이다.

예를 들어 지역 상생을 위한 사업을 기획한다면, MD가 입점할 상품을 조율하고 디자이너가 시각적으로 풀어내며, 마케터가 알리고 홍보팀이 대외 메시지를 정리한다. 필요한 경우에는 법무, 회계, 자금팀의 검토도 반드시 거쳐야 한다. 누군가의 도움이 없으면 단 한 발짝도 나아갈 수 없다.

외부와 '이 사업을 함께하자'라는 공감대를 확인하는 회의가 끝나면, 곧바로 '정말 실행 가능한가?'를 검토하는 내부 회의가 이어진다. 어떤 날은 하루 종일 유관 부서와 슬랙만 주고받다가 하루가 끝나기도 한다(사실 꽤 많았다). 그래서 어떤 날은 "정말 회의가 내 직업이 아닐까"라는 생각이 들기도 한다. 하지만 그렇게 유관 부서 하나하나와 조율을 마치고 나면, "정말 많은 분들 덕분에 이 일이 가능했구나" 하는 감사한 마음이 든다.

여러 이해관계자가 얽혀 있는 만큼 매번 다르고 예측하기 어려운 상황이 생기기도 한다. 하지만, 그럴 때마다 신뢰를 쌓아가며 결국 모두의 협력으로 하나의 사업이 완성되는 순간은 마치 흩어진 퍼즐 조각이 맞춰지는 듯한 뿌듯함을 안겨준다.

AI에게 '회의'란 무엇이냐고 물어보면 '어떤 문제에 대해 여럿이 모여서 의논하는 것'이라고 설명한다. 즉, 공동의 목표나 해결해야 할 문제가 있을 때 서로의 의견을 나누고 조율하기 위해 사람들이 모여 이야기하는 활동을 회의라고 부를 수 있다.

그런데 회의를 반복하다 보면 문득 이런 생각이 들기도 한다. '나는 분명 같은 말을 했는데, 왜 저 사람은 다르게 이해했지?' 혹은 '오늘따라 회의가 왜 이렇게 피곤하게 느껴지지? 같은 말만 뱅뱅 맴도는 느낌이야.'

✦ 결국 뭘 원하시는 건가요?

어느 날, 한 기관 담당자와의 사업 협의 회의가 있었다. 사업의 방향성을 설명하고, 우리 조직이 어떤 역할을 할 수 있는지, 기관은 어떤 역할을 해주었으면 하는지 구체적으로 제안하는 자리였다. 그런데 회의를 마무리하려던 찰나에 들은 피드백이 내 머리를 '땅' 하고 때렸다. "말씀해 주신 내용은 알겠는데요⋯ 결국 어떤 걸

원하시는 건지 잘 모르겠어요." 나는 열심히 설명했고, 나름대로 차분하게 논리적으로 이야기했다고 생각했다.

하지만 상대방에게는 '뭔가 열심히 말하긴 했는데 핵심이 잘 안 잡히는' 회의였던 것이다. 그날 처음 깨달았다. 말을 잘한다는 건 많이 말하는 것이 아니라 '잘 전달되는 것'이라는 사실을.

🔍 일 잘하는 TIP 🔍

1. **내부 역량을 유기적으로 연결하라**
   동반성장 사업은 외부 협력뿐 아니라 내부 부서 간 긴밀한 조율이 필수다. 각자의 전문성이 맞물려야 실행력이 생긴다.

2. **회의는 실행 가능성을 검증하는 자리다**
   내부 회의에서 반드시 '정말 실행 가능한가?'를 점검해야 한다. 실행력을 담보하지 못한 합의는 공허하다

02

회의를 바꿔낸
네 가지 변화

회의를 거의 매일 하다 보니, '이대로는 안 되겠다'는 생각이 들었다. 그래서 함께 회의에 들어갈 때마다 '회의를 잘 이끄는 사람들'을 유심히 관찰하기 시작했다. 회의를 유난히 매끄럽게 이끌어 가는 사람은 대체 뭐가 다른 걸까? 내가 본 회의 고수들은 1시간 안에 회의의 핵심을 짚고 구체적인 결론까지 이끌어냈다. 그래서 나는 마치 고수의 제자가 된 듯, 하나하나 묻기 시작했다.

"어떻게 그렇게 자연스럽게 회의를 이끄세요?"
"회의할 때 가장 중요하게 생각하는 게 뭔가요?"
"상대방의 반응이 좋지 않을 땐 어떻게 대응하세요?"

그들에게 던진 질문 속에서 몇 가지 공통된 실마리가 보이기 시작했다.

그리고 그 실마리를 따라 작게나마 실천을 시작했을 때 회의를 대하는 내 태도에도 분명한 변화가 생겼다. 아래 네 가지는 내가 회의 안에서 조금 더 명확하고 자신 있게 움직일 수 있도록 만들어준 변화들이다. 작은 실천이었지만 분명한 시작이 되었다.

① 질문으로 간극을 좁힌다

회의에서 가장 간단하면서도 강력한 무기가 있다. 바로 '질문'이다. 처음엔 질문을 하면 '내가 잘 모르는 사람처럼 보이지 않을까' 걱정됐다. 하지만 오히려 질문을 던졌을 때 회의 분위기가 훨씬 좋아졌고, 상대와의 거리가 조금씩 좁혀지는 걸 느꼈다. 특히 서로의 이해를 맞추기 위한 질문이 큰 도움이 됐다.

회의에 참여한 사람들은 각자 다른 배경과 정보를 갖고 있다. 같은 말을 해도 다르게 받아들일 수밖에 없다. "내가 설명한 내용이 잘 전달되고 있을까?"라는 질문에서 시작해 그 차이를 줄이는 시도가 필요하다. 질문은 그 간극을 좁히는 가장 현실적이고 효과적인 다리였다.

"제가 지금까지 이해한 게 맞을까요?"
"혹시 설명 중 더 궁금한 부분 있으실까요?"
"지금까지 이야기된 방향에 대해 어떻게 생각하세요?"

이런 질문 하나가 서로의 온도를 맞추는 신호처럼 작동했다. 상대는 "내 이야기를 진심으로 듣고 있구나"라고 느끼고, 나는 우리가 같은 방향을 보고 있는지 확인할 수 있었다. 질문은 '확신 없는 태도'가 아니라 서로를 이해하고 진짜 협업을 시작하겠다는 의지였다. 그걸 알게 된 순간부터 회의는 조금 덜 어렵게 다가왔다.

② 중요한 메시지에 여백을 둔다

회의 중 마음이 조급해질 때가 많다. "이 얘기도 해야 하고, 저 얘기도 빠뜨리면 안 돼!" 회의를 하다 보면 말은 빨라지고, 목소리도 높아진다. 그러다 보면 정작 내가 무슨 말을 했는지도 기억이 잘 안 나는 순간도 생긴다.

그런데 어느 순간 깨달았다. 말을 천천히 할수록 회의가 더 잘 풀린다는 걸.

특히 중요한 메시지를 전할 때 속도를 살짝 늦추고 여백을 주면 상대는 더 집중해서 듣는다. 말의 간격이 생기면 듣는 사람이 생각할 시간도 생기기 때문이다.

"그러니까, 저희가 제안드리고 싶은 핵심은… 이겁니다."
"이 부분은 특히 저희가 중요하게 생각하는 내용이에요."
"여기까진 괜찮으신가요? *(잠시 멈춤)*"

> ### 🔍 일 잘하는 TIP 🔍
>
> 여백과 속도 조절은 상대방이 생각을 정리할 수 있는 시간을 주고 서로의 호흡을 맞출 수 있는 여유를 만들어준다. 말을 천천히 한다는 건 단순히 '느리게 말하기'가 아니다. 회의를 함께하는 사람들과 생각의 리듬을 맞추는 태도다. 회의가 말을 많이 하는 시간이 아니라 '같이 생각의 속도를 조율하는 시간'이라는 사실을 실감해야 한다.

③ 상대의 세계로 들어가라

회의 전, 나는 상대방이 어떤 부서에 속해 있고 어떤 업무를 맡고 있는지 요즘 어떤 주제에 관심이 있을지를 먼저 찾아본다. 단순히 정보만 수집하는 데서 그치지 않고 그 사람이 왜 그 일을 하고 있는지, 무엇을 어려워하는지, 무엇을 원하는지까지 상상하며 맥락을 이해하려고 한다.

그 과정에서 보이는 단서들이 있다. 최근에 진행한 프로젝트, 주요 성과 지표, 말투와 단어의 결. 이런 조각들을 모아 그 사람이 어떤 언어를 쓰고 어떤 방식으로 생각하는지를 파악한다.

예를 들어, MD와는 "GMV", "SKU" 같은 단어를, 디자이너와는 "톤 앤 매너", "키비주얼" 같은 단어를 의식적으로 사용한다.

이건 단순히 '잘 보이려는 전략'이 아니다. 상대방의 입장에서 생각하고 그 세계에 발을 들여 그 입장에서 대화하려는 진심 어린 태도다. 또 친숙한 단어를 쓰면 이해도가 높아진다. 이런 노력이 쌓이면 상대는 어느 순간 "이 사람은 우리 편이구나"라고 신뢰를 느끼게 된다. 그 순간부터 회의는 '귀찮은 요청을 들어주는 시간'이 아니라 함께 퍼즐을 맞추는 시간이 된다. 같은 방향을 바라보는 사람들이 모여 있다는 느낌. 그것이야말로 회의의 진짜 힘이다.

④ 세 가지를 빠짐없이 기록해라

회의는 말로 끝나지 않는다. '그날 무슨 얘기를 했는지' 기록이 없다면 회의는 없었던 것이나 다름없다. 누가 어떤 발언을 했는지, 어떤 결론이 났는지, 누가 무엇을 언제까지 맡기로 했는지. 이 세 가지를 빠짐없이 적는다. 그리고 중요한 내용은 반드시 요약해서 팀원들과 공유한다. 회의 내용을 기록하는 건 단순한 정리가 아니라 다음 액션을 준비하는 과정이다.

이런 작은 습관이 쌓이면서 회의는 두려운 시간이 아니라 '내가 좋은 영향을 줄 수 있는 자리'로 변해 갔다. 그리고 이건 나만의 깨달음이자 일하는 모든 사람들에게 전하고 싶은 말이기도 하다. 회의가 어렵고 힘들다고 느껴진다면, 그건 당신이 부족해서가 아니다.

회의라는 건 결국 누군가의 생각과 언어를 '내 말'로 바꿔서 이해하는 과정이기 때문이다. 이건 누구에게나 낯설고 어렵고 연습이 필요한 일이다. 조금씩 질문해 보고, 이해를 확인하고, 말의 속도를 조절하며 차근차근 연습하다 보면 어느 순간 분명히 달라진 자신을 느낄 수 있다.

🔍 일 잘하는 TIP 🔍

회의를 기록하는 일은 단순히 그 순간을 정리하기 위함이 아니다. 나는 동시에 여러 프로젝트를 운영하다 보니 하루에도 몇 번씩 다른 사람들과 다른 주제로 대화를 나눈다.

이럴수록 더욱 중요한 건 '내가 지금 무슨 일을 하고 있는지', '무슨 이야기가 오갔는지'를 잊지 않도록 붙잡아 두는 일이다. 그러니 회의가 끝나면 바로 업무 내용을 기록해라. 어떤 프로젝트인지, 어떤 요청이 있었는지, 내가 맡은 역할이 무엇인지, 언제까지 처리해야 하는지. 기록을 할수록 머리가 한결 가벼워지고 일은 훨씬 더 유연하게 흘러간다.

그리고 무엇보다 중요한 건 '잘하는 것' 자체가 목적이 아니라 '서로를 더 잘 이해하기 위한 시간'이라는 점이다. 이렇게 생각하면 회의가 훨씬 따뜻해지고, 나 자신에게도 여유를 줄 수 있다.

일이 쌓여도 불안하지 않고 오히려 선명하게 잡히는 느낌이 든다. 다음 글에서는 이렇게 동시에 여러 업무를 병행하면서도 일을 흘려보내지 않고 '내 것으로 단단히 붙잡는 방법'에 대해 이야기해 보려 한다.

03

나를 살리는 기록

"세지님, ○○건 팔로업 어떻게 되고 있나요?" 팀장님의 물음에 머릿속이 새하얘졌던 그날을 아직도 기억한다. 잊고 있었던 것이다.

우리 팀에서는 대외 커뮤니케이션이 매우 중요한데, 하필 중요한 보도자료 준비였다. 결국 부랴부랴 유관 부서에 연락을 취했고 사과와 감사하다는 말을 하며 겨우 마감을 맞췄다. 그때 깨달았다. 업무에서 기록은 곧 책임이며 나를 살리는 도구라는 사실을.

비슷한 상황은 또 있었다. 어떤 회의에서 논의했던 내용을 다시 확인하려 했는데, 어디에도 기록이 남아 있지 않았다. 어렴풋한 기억만으로는 부족했고 정확한 워딩이 없으니 결국 다시 처음부터 알아봐야 했다. 그 시간과 에너지가 너무 아까웠다. 그래서 기록 방식을 체계화하기 시작했다.

① 기록은 어떻게 남겨야 할까?

처음에는 무엇을 어떻게 기록해야 하는지 감이 잡히지 않았다. 그래서 '이 회의를 왜 하고 무엇을 얻고자 하는가'라는 목적부터 명확히 하기 시작했다. 날짜, 참석자, 핵심 내용, 내가 맡은 액션, 상대가 맡은 액션, 마감 일정, 필요 시 결정 사항 및 논의 포인트 등이 들어가 있는지 확인한다.

지금은 회의마다 이러한 기준에 따라 기록을 남긴다. 그리고 AI 요약 기능이 있는 클로바 노트를 적극 활용한다. 녹음 파일을 업로드하면 자동으로 회의 내용을 정리해 주기 때문에 흐름 파악에 도움이 된다. 특히 업무에 익숙하지 않았던 초기에 매우 유용했다.

② 일일 기록은 '3 Works'로

하루의 업무는 가장 중요한 세 가지로 구성한다. 오늘 반드시 해야 할 세 가지를 정하고, 오전이나 오후 4~6시 집중도가 높은 시간대에 처리한다. 그 외 연락이나 정산처럼 자잘한 업무는 점심 이후처럼 비교적 느슨한 시간대에 처리한다.

그리고 이 모든 과정을 노션 Notion(생산성 툴)에 기록한다. 일일 업무 일지는 날짜별로 정리하고 프로젝트별 업무는 제목, 날짜, 주요 내용, 유형(요청·보고·논의 등)으로 표 형식으로 작성한다.

이렇게 항목을 구성해서 정리하면 업무 이력을 한눈에 확인할 수 있어 관리가 훨씬 수월해진다.

③ 기록을 시스템화하라

　기록은 꾸준함이 핵심이다. 피곤하거나 시간이 부족할 때는 더욱 어렵다. 그래서 나는 기록을 '일의 일부'로 만들기 위해 시스템을 구축했다.

　가능한 한 별도로 고민하지 않아도 자연스럽게 기록할 수 있도록 구조를 설계하는 것이다. 업무를 시작할 땐 오늘의 3 works를 작성하고, 회의가 시작되면 노션에 핵심 키워드 위주로 내가 가장 이해하기 쉬운 방식으로 내용을 정리한다. 업무가 끝나면 오늘 수행한 일을 간단히 체크하고 완료 표시까지 한다. 이 과정을 통해 기록의 허들을 낮추고 지속하기 쉬워졌다.

④ 기록은 나를 지켜준다

　기록 덕분에 가장 뿌듯했던 순간은, 누가 언제 무슨 말을 했는지 정확히 기억나지 않아도 노션에서 검색 한 번으로 바로 찾아냈던 때였다. 또한 업무가 복잡하게 느껴질 때 정리된 기록을 보면 '생각보다 할 일이 많지 않구나' 하고 안도하며 불안이 줄고 마음이 편안해졌다.

　기록 덕분에 불확실함은 줄고, 오히려 주도적으로 일을 이끌 수 있었다. 그게 바로 기록이 내게 준 가장 큰 선물이다. 회의든 업무든 흔들릴 때마다 기록이 내 편이 되어 주니 이제는 '기록 없이 일하기는 상상도 못한다'는 생각이 든다. 작은 습관이지만 내 업무와 마음을 지켜주는 든든한 무기임을 확신한다.

✦ 작은 습관이 큰 변화를 만든다

회의를 대하는 태도 네 가지와 기록의 힘 네 가지. 이 작은 변화들이 나의 일하는 방식을 크게 바꾸어 놓았다. 우리는 누구도 완벽하지 않고 완벽할 수 없다. 중요한 건 함께 배우고 실수 속에서도 조금씩 성장하고자 하는 태도다.

헷갈릴 때 길을 다시 짚게 해주고, 막막할 때 마음을 다잡게 하는 것도 결국 습관이다. 말하지 않아도 나를 도와주는 조용한 동료이자, 흔들릴 때마다 내 편이 되어주는 든든한 울타리다.

작은 습관들은 내 안에 있던 '할 수 있다'는 감각을 조금씩 키워 주었다. 단순한 반복이 아니라 일하는 나를 성장시키고 지켜주는 힘이다.

이 글을 읽는 누군가도 회의와 기록 같은 작은 습관들을 통해 조금 더 여유롭고, 명확하게, 그리고 자기 자신을 믿으며 더 단단한 '일하는 나'로 성장해 가기를 바란다. 작은 변화가 큰 가능성을 만든다는 걸 나의 경험으로 전하고 싶다.

부서/직무 소개

이세지

지역성장협력파트
#동반성장 #지역상생 #커뮤니케이션

저희 팀은 회사와 다양한 이해관계자들이 함께 성장할 수 있는 환경을 만드는 조직입니다. 앱 서비스가 원활하게 운영될 수 있도록 정부 기관, 소상공인, 지역사회 등 각기 다른 주체들과의 협력 속에서 "어떻게 하면 더 오래, 더 건강하게 함께 갈 수 있을까"를 고민하고 실천하고 있습니다.

저는 지역성장협력파트에서 동반성장사업을 기획하고 운영하는 업무를 담당하고 있습니다. 동반성장 업무는 단순한 파트너십 관리나 지원을 넘어서 관계를 돌보고 기록을 남기며, 작은 변화를 만들어가는 일에 가까워요. 말보다 태도, 속도보다 방향을 중시하면서 함께 일하는 사람들이 서로 신뢰할 수 있는 기반을 쌓는 과정이라 생각합니다.

때로는 조용하고 보이지 않는 역할처럼 느껴질 때도 있지만, 지속 가능한 협력의 시작은 언제나 작은 약속을 지키는 것에서부터 비롯된다고 믿습니다. 그 믿음을 바탕으로 오늘도 더 나은 방향으로 함께 나아가기 위해 말을 아끼기보다 기록하고 앞서가기보다 호흡을 맞추려는 태도를 실천하고 있습니다. 동반성장은 '같이 간다'는 말의 무게를 매일 새롭게 배우는 여정입니다. 그리고 그 여정 속에서 저 역시 일하는 사람으로서 천천히 그러나 단단하게 성장해가고 있습니다.

Part 4.

스타트업에서 홍보하는 방법

곽보연 (홍보/PR, 홍보실)

01

내가 하는
홍보라는 일

"홍보라는 일을 시작한 지 10년 됐어요.
식(食)문화를 대표하는 배달의민족과
주(住)문화를 대표하는 직방에서 근무했는데요.
이제 패션 플랫폼 무신사만 다니면
국내 대표 의식주 스타트업은
제가 모두 섭렵할 수 있지 않을까 생각합니다"

두 해 전 10월, 광화문광장에서 '리스타트 Restart'를 주제로 강연할 기회가 주어졌다. 머릿속에 든 것이 많은 사람도 아니고, 화려한 경력을 보유한 것도 아니어서 무슨 이야기를 어떻게 풀어야 할까 걱정이었다. 그래서 소개부터 했다. 웃기려고 한 말은 아니었지만 '풋'하고 누군가가 웃어준 덕에 긴장이 풀렸다.

부동산 스타트업에서 만 5년, 배달의민족에서 홍보로 일한 지 5년이 됐다. 우아한형제들로 이직을 결심했을 때, 서비스의 성격이나 이용자 특성 등 여러 부분에 차이는 있지만 '온라인 플랫폼'이자 '테크 기반 스타트업'이라는 비슷한 그릇이니 금방 적응할 거라고 생각했다. 이건 나의 엄청난 착각이었다.

'배달의민족'이라는 키워드로 기사를 검색해 보면 매일 수십 건의 기사가 보도된다. 라이더에게 '문 앞에 두고 문자 주세요'라고 적어야 할 문구를 '문제 주세요'라고 잘못 적었다는 웃픈 사례도 있고, 배고픈 아이들에게 무료로 식사를 차려준 식당 사장님에게 여러 사람들이 배민앱으로 '돈쭐'을 냈다는 훈훈한 기사도 나온다.

도를 넘은 고객의 요청 사항에 대한 기사, 업주에게 상처를 주는 리뷰는 물론이고, 음식에서 불순물이 발견된 사례, 폭우로 배달이 한 시간 넘게 지연된 경험담 등의 기사도 나온다. 배민을 둘러싼 고객과 업주, 라이더 등 여러 이해관계자의 시각이 교차하며 보도되는 기사들이다.

'아프니까 사장이다'처럼 외식업 사장님들이 모여 있는 커뮤니티, '배달세상'처럼 라이더가 모이는 커뮤니티, 그리고 전국의 2,000만 배민앱 유저가 속한 수천 가지 커뮤니티와 SNS를 통해 매일같이 생산되는 이야기들이 기사화된다. 부동산 스타트업에 있을 때도 다양한 종류의 기사가 나왔지만 성격은 달랐다. 국토부에서 새로 발표한 정책에 대한 분노, 남의 집값은 오르는데 왜 내 집값은 오르지 않는가에 대한 성토, 재건축 재개발을 앞둔 지역에 대한 기대감, 분양 소식 등이 주된 소재였다.

특히 대출 정책과 부동산 정책은 직결되는 문제이기 때문에 많은 사람들이 관심을 가졌고, 어떠한 현상에 대해 설명하고 관련 데이터를 제공하는 역할을 주로 맡았다. 서비스 자체를 비판하는 기사보다는 부동산 시황, 정부 정책에 대한 비판에 우리가 제공한 데이터 또는 전문가 코멘트가 인용되는 식이었다.

직방은 집을 구하는 사람과 집에 대한 정보를 제공하는 사람(일반적으로 공인중개사)을 연결하는 역할을 한다. 조금 더 다양한 정보를 담아 발품을 팔지 않아도 마치 가 본 것처럼 느껴질 만한 VR 콘텐츠와 같은 정보를 제공하는 것이다. '내가 살 집을 구할 수 있도록 도와주는 부동산 정보 플랫폼'이라는 이미지 덕에 직방이라는 서비스 자체에 대한 부정적 시각은 많지 않았다.

배민의 역할도 같다. 음식을 주문하는 이용자와 사장님, 그리고 라이더를 연결한다. 배가 고픈 이용자는 배민을 통해 음식을 주문하는데, 여기에 여러 사용자들이 이미 남겨놓은 리뷰와 사진, 맛과 청결 등에 대한 정보를 비교해 최선의 선택을 한다. 사장님은 배민을 통해 고객을 만나고 매출을 늘린다. 라이더는 이들 사이에서 '배달'이라는 업무를 수행하며 돈을 번다. 어떻게 보면 같은 목적으로, 그러나 각자 처한 상황이 다른 세 그룹의 이해관계자를 연결 짓는 것이 배민이다.

어느 순간부터 배민에 대한 긍정적 피드백보다 부정적 피드백이 더 많아졌다. 소비자의 눈높이가 올라갔고, 무서울 정도로 빠르게 성장하는 경쟁 서비스가 생겼다. 풀어야 할 오해들도 쌓였다. 오해를 풀고 서비스의 본질을 알리는 일이 내가 하는 홍보다.

02

생존을 위한
경고 신호

    기자와 홍보는 생각보다 다양한 이슈로 연락을 나눈다. 기본적으로 회사에 대한 취재 문의가 가장 많지만, 우리 서비스를 직접 이용해보고 그 피드백을 받는 경우도 있다. '시의성'을 중요시하는 직업이라 그런 건지는 모르겠지만, '사건'이 발생했을 때 바로 연락을 주는 경우가 많다.

    가령 밤 8시, 9시쯤 '배달을 시켰는데 음식이 오지 않고 있다'든지, '내가 시킨 음식이 아닌 다른 음식이 배달됐다'든지, 또는 '배달이 오는 과정을 지켜보고 있는데 다른 곳을 들렀다 왔다'든지 하는 전화가 오는 것이다. 그럴 때면 심장이 철렁한다.

    의아했다. 업무 시간의 경계가 불투명하다고는 하지만 저녁 식사 이후의 밤이면 업무 종료로 볼 수 있는 시간인데, 왜 이 시간에 연락을 해오는 걸까. 또 나는 고객센터가 아닌데, 내가 오배달과 배차 지연에 대해 도움을 줄 수 있는 일이 없는데, 이런 이야기를 내게 하는 이유가 무엇일까. 뭐가 됐든 지금 울분을 토하고 있는 기자님도 이런 컴플레인에 대한 나의 무능함을 알고 있을 텐데, 아니, 알고 있을까?

지난 5년 동안 이런 민원성 문의를 제법 많이 받았다. 사실 기자뿐 아니라 친구, 옛 동료, 가족 등도 배민을 쓰다 불편을 겪으면 연락해왔다. 대부분 늦어진 배달이나 잘못된 주문, 지연되는 고객센터 연결 문제였다. 정말 미안하고 안타까운 일이지만, 이런 상황에서 나는 딱히 손을 쓸 방도가 없었다.

배달이 늦는 가장 큰 이유는 기상 상황이나 도로 정체 같은 물리적 환경 때문이다. 여러 정책으로 개선을 시도하고 있지만, 배차 지연은 여전히 발생할 수 있다. 게다가 라이더는 플랫폼과 고용이 아닌 계약 관계라 여러 배달앱과 동시에 계약할 수 있다. 그렇다보니 경쟁이 치열해질수록 라이더 확보도 어려워진다.

그래도 15년 전 시작된 배달앱 문화가 점차 건강한 뿌리를 내리면서, 요즘에는 라이더의 환경과 배달 노동이라는 가치를 이해하는 소비자가 늘었다. 그럼에도 불구하고 배달앱이 예상 도착 시간을 사전 안내 없이 임의로 늘리거나, 음식을 잘못 배달되는 상황에서 소비자는 불쾌감을 느낄 수밖에 없다.

'나는 치킨을 시켰는데 순대국이 왔다'거나 '내가 배달한 적 없는 음식이 집 앞에 배달됐다' 같은 사례가 그렇다. 이런 경우 고객센터나 업주와 통화해 정정해야 한다. 배민 홍보 담당자라 해도 이런 상황을 들었다고 바로 해결책을 줄 수는 없다.

한 번은 친구가 "배민 왜 이렇게 느려? 다신 안 시켜"라며 불만을 토로했다. 저녁 7시에 주문한 음식이 밤 9시가 넘어서야 도착했고, 면발은 불고 음식은 식어 속상했다고 했다. 그 순간 서비스를 향한 피드백이 곧 나에게 향한 화살로 느껴져 큰 스트레스로 다가왔다.

부동산 스타트업에서 홍보로 근무하며 느꼈던 것 중 하나는 살아가며 구매하는 가장 값비싼 재화인 '집'을 거래하는 상황에서도 이렇게 문제를 많이 제기하지 않는다는 것이다. 집에 하자가 있어도 썩 친절하지 않은 이웃을 만나도 엘리베이터가 고장이 나도 '사는 데 큰 지장이 아니라면 어떻게 버티면서 살아보자'하는 마음이 조금 더 큰 것 같다. 하지만 음식은 그렇지 않다. 배달이 늦으면 사장님이 '주문 요청 사항'을 들어주지 않으면 주문한 음식에서 머리카락이 나오면 분노한다.

배고픔은 사람을 날카롭게 만드는 무기가 된다. 시간 약속을 어기는 배달앱에 화가 난다. 아무리 이성적인 사람도 본능이 앞서는 상황에서는 이성적 판단보다 분노가 먼저 튀어나온다. 아이를 임신

했을 때 읽었던 책에서 '신생아는 배고픔을 외부 공격이라고 여긴 다'는 이야기를 읽은 적이 있다. 아기는 배고픔을 '생존을 위한 긴급 신호'로 인지해 자신이 위기 상태임을 엄마에게 알리기 위해 운다고 한다. 배고픔은 아기에게 불안과 생리적 긴장 상태를 유발한다. 그래, 이게 배고픔에 대한 본능일지 모른다.

🔍 일 잘하는 TIP 🔍

컴플레인을 납득하는 관점이 필요하다. 배고픔으로 극한의 스트레스 상황에 있는 소비자에게 오배달이나 배달 지연과 같은 상황이 일어나지 않도록 관리하는 것. 그리고 그 감정적 불만을 달래고 개선을 약속하는 것이 중요하다. 배달 서비스는 '생존을 위한 긴급 신호'를 해결하는 역할이기에 그만큼 사명감을 가지고 임해야 한다.

03

우선순위와
호흡을 조율하는 법

"회사의 일은 중요한 일과 덜 중요한 일로 나뉜다고 보면 돼. 모든 일이 다 중요하다고 생각해선 안 돼."

열심히 하지 않는 법을 모른 채 14년 회사 생활을 해온 나에게 이사님이 말했다. 이사님과의 첫 면담 자리였다. 나는 2016년 이 회사에 입사했고, 이사님은 2019년에 입사했다.

나보다 늦게 들어온 이사님이 한 달의 적응 기간을 거치고 처음 가진 면담 자리에서 꺼낸 말이었다. 2-3년차 주니어도 아니고 나도 알 건 다 안다고. 내가 얼마나 최선을 다해 열심히 일했는데. 고생이 많다고 해줘도 모자랄 판에 이게 무슨 말일까? 눈에 힘이 들어가고 입이 툭 하고 튀어나왔다.

회사가 사업 영역을 공격적으로 확장하고 있던 때였다. 원룸과 오피스텔 아파트로 사업 분야를 넓혔다. M&A도 많이 했는데 공유주거 스타트업, 상업용 부동산 전문 스타트업, 아파트 전문 스타트업 등 여러 범주의 스타트업을 인수하거나 투자했다.

언론 홍보를 해야 하는 이슈가 늘었고, 자연스레 우리 회사에 대한 기사 양도 많아졌다. 출입 기자들의 영역도 기존 IT에서 부동산 분야까지 넓어지면서 만나야 할 기자들이 늘었고, 휴대폰에 걸려오는 문의 전화도 많아졌다. 일이 많아지는 것이 싫지 않았다. 오히려 네트워크를 넓히고 경험치를 쌓는 과정으로 나를 키워주는 회사에 고마운 마음이 들기도 했다.

그런데 일이 나를 잠식하는 속도가 더 빨랐다. 내 역량보다 더 빠르게, 어려운 일들이 쌓여갔다. 처리해야 할 일이 많다 보니 어느 순간부터는 중요도가 보이지 않았다. 오히려 모든 일이 중요하게 느껴져 하나의 업무를 처리하는 데에도 에너지가 과하게 소모됐고 업무 시간도 길어졌다. 경험치가 쌓이는 게 아니라 일이 나를 잡아먹는 기분이었다. 오늘도 일에 잡아먹히고 내일은 수십 개의 끝이 보이지 않는 일들이 나를 기다리고 있는 듯했다. 일의 양과 무게에 눌려 우선순위는커녕 처리하기에 급급했다.

일에 눌려 우왕좌왕하고 있는 그 모습을 이사님이 한눈에 파악했다. 종이에 슥슥 그래프를 그렸다. X축 오른쪽에 '마감', Y축 상단에 '중요'를 적었다. 급한 업무와 중요한 업무 순으로 정리해보라고 했다. 그리고 이사님은 말을 덧붙였다.

"중요하고 마감이 시급한 것은 빠르게 정리해서 가지고 오고,
덜 중요하고 마감도 급하지 않은 건 알아서 처리해요.
나한테 보고할 필요도 없어요."

나를 짓누르던 업무들을 직접 정리하면서 묘한 쾌감이 밀려왔다. 일이 나를 끌고 가는 것이 아니라 내가 일을 리딩하는 기분이 이런 걸까.

우아한형제들로 이직하고 첫 업무가 주어졌다. 정부 기관에서 회사에 방문할 예정인데, 우리가 하고 있는 상생 노력을 전달할 수 있도록 간략하게 정리해 달라는 요청이었다. 보도자료가 아니라 참고자료 형태가 될 거라 분량은 많을 필요 없다고 했다. 하지만 첫 업무라는 생각에 하루 종일 최선을 다해서 자료를 작성했다. 상생에 대한 진정성이 담길 수 있도록 업주 향, 라이더 향, 그리고 친환경 활동까지 담아낸 결과 A4 기준 5장이 나왔다.

5년 전 일이지만, 그 날의 팀장님 표정이 선하다. 자료를 받은 팀장님이 당황스러워했다. 팀장님은 고생했다고 하면서도 내가 상처받지 않게 에둘러 말했다.

"보연님, 모든 일에 최선을 다 할 필요는 없어.
우리가 하는 일 중에는 100의 에너지 중 20만 쏟아도

되는 일이 있는가 하면, 갑자기 300을 쏟아야 하는 일도 있어.
언제 터질지 모르는 300의 순간을 대비해
적절히 힘을 나눠서 일해야 해."

정부 관계자와의 면담 자리에서 A4용지 5장 분량의 내용을 발표할 시간은 주어지지 않는다. 팀장님은 최대한 간략하게 핵심만 정리된 자료를 기대했기에 그날 내게 해준 피드백은 분명했다.

왜 나의 조직장들은 '모든 일에 최선을 다하지 말라'고 했을까. 나에게 최선이란 무엇이었을까? 정보가 많이 들어있는 글, 양으로 승부하는 글 그리고 친절한 설명이라고 생각했던 것 같다. 주어진 모든 일이 소중해 단순한 루틴 업무에도 힘을 주곤 했다. 어찌 보면 또 다른 착각은 '최선을 다하는 것 = 많은 시간과 공을 들여 풍성한 결과물을 내는 것'이었는지도 모르겠다.

이사님과 팀장님의 충고를 잊은 채 여전히 매사에 최선을 다하는 것이 직장인으로서의 본분이라 착각할 때가 있다. 우선순위를 정하는 것도 하나의 능력이라는 것을, 호흡 조절도 능력이라는 것을 나의 조직장들은 매 순간 깨우쳐 주려 했다. 그 틀을 깨는 데에는 오랜 시간이 걸린다.

🔍 일 잘하는 TIP

'매사에 최선을 다할 필요는 없다'는 말은 일을 대충하라는 뜻이 결코 아니다. 일의 중요도와 우선순위를 파악하고 호흡을 조절하라는 것이다. 직장 생활 14년 차인 나 또한 종종 잊는 지극히 당연한 원칙이었다.

04

회사가 나를
이렇게 믿어도 될까?

✦ 재택근무 5년차 소회

2020년 1월 말로 기억한다. 여러 사람이 한자리에 모이는 것을 피하기 위해 사회적 거리두기가 시행됐다. 헬스장은 반강제로 문을 닫았고, 식당들은 4인 이상 취식 금지, 9시 이후 홀 영업 종료 등의 규제가 따랐다. 마스크를 벗어야 하는 공간에서는 코로나 백신 접종 완료 QR을 인증해야 했다.

그때부터 시작한 재택근무가 5년이 되어 간다. 2020년에는 사회적 혼란이 컸던 만큼, 회사들도 근무 제도를 계속 바꿨다. 건물 내 확진자 동선이 겹치면 소독으로 인해 재택근무를 했고, 괜찮아지면 출근했다. 확진자가 기하급수적으로 늘어나며 보수적이었던 나의 전 회사도 재택근무를 결정했다. 엄격한 지각 체크, 타이트한 점심시간 운영 등 근무 제도가 보수적이었던 이곳이 재택근무를 시행하다니 놀라운 일이었다. 전 직원이 들어와 있는 텔레그램 채널에 경영관리팀에서 상시 재택을 시행한다는 공지를 올렸고, 나도 모르게 "와 대박"이라고 답장을 보냈던 기억이 난다(다시 생각해도 아찔하다).

재택근무 방식은 줌^{ZOOM}으로 전 직원이 출근시간에 맞춰 출근하고, 각 실별로 채널이 쪼개지면 그 채널로 들어가 근무하는 방식이었다. 화면은 ON이어야 하고 스피커도 켜둬야 했다. 언제든 상대방이 나를 불렀을 때 답할 수 있도록 그런 룰을 세웠다. 우리는 이를 재택근무가 아닌 '클라우드 워킹'이라고 불렀다. 클라우드 워킹 방식이 고도화되며 다양한 룰이 생겼다.

복장 규정, 역광이 들지 않도록 카메라 방향 조정, 별도 조명 장치와 캠 설치 등 가이드가 만들어졌다. 재택근무를 악용하는 케이스가 없도록 여러 장치를 마련했다. 나중에는 근무 공간이 '줌'에서 '게더타운'으로 바뀌었고, 이후 직접 가상 오피스 시스템을 만들었다.

가상 오피스에서 근무하던 시절 동료들 사이에 'AFK' 기능이 화제가 된 적이 있다. 'Away From Keyboard'의 준말로 마우스나 키보드가 몇 분 동안 움직이지 않으면 붉은 불이 뜨는 기능이었다. 이 사람이 근무 중인지 아닌지를 확인할 수 있다. 새로운 기능 하나에도 불안이 커지기도 했다. 실제 나는 줌으로 근무하다가 경영관리

팀 동료로부터 "보연님 화면이 역광이라 얼굴이 잘 안 보여요. 카메라 위치를 조정해주세요."라는 피드백을 받기도 했다.

거실에서 아이가 피아노를 치고 있어 방문을 꼭 닫았는데도, 회의에서 "피아노 소리가 들어와요."라는 피드백을 받은 적도 있다. 화장실에 가거나 기자와 통화할 때도 스피커가 부르는 '보연님!'을 놓칠까 봐 불안하기도 했다. 어쨌든 오프라인 사무실을 없애고 선제적으로 클라우드 워킹 시스템을 도입한 만큼, 회사는 구성원들의 근태 상황을 확인할 수 있는 여러 장치를 마련했다.

✦ 규율 위의 자율

코로나 확진자가 폭발적으로 나오던 시기에 회사를 옮겼다. 우아한형제들도 재택근무를 시행하고 있었지만, 내가 알던 방식과는 매우 달랐다. 기본적으로 상시 화상 근무를 하지 않았다. 회의가 있을 때만 줌이나 구글밋 같은 도구를 이용했다. 일부 구성원은 이동 중이라며 화면을 끄고 회의에 참여하거나, 자기 얼굴에 스티커를 붙여 참여하기도 했다. 화상회의는 대면회의를 대체하는 것이니 상호 존중 차원에서 얼굴을 보여주는 게 당연하다고 생각했던 나는 깜짝 놀랐다.

우아한형제들은 '규율 위의 자율'이라는 문화답게 구성원의 자율성을 강조했다. 회사가 나를 믿어주겠다는데, '신뢰를 체크할 수 있는 장치'가 없어진 그 상황에 오히려 불안해졌다. 점심 미팅이나 기자와 통화 등으로 자리를 비우면 보고를 올렸다. 계속 일하고 있다는 걸 증명하려고 일일 보고를 세세하게 쪼개어 작성했다. 아무도 그렇게 하라고 요구하지 않았는데도, 나만 증명하려고 애쓰며 발을 동동 굴렸다.

 팬데믹이 엔데믹으로 전환되자 집을 벗어나기 시작했다. 회사가 믿어주겠다는 나를, 나 스스로가 믿을 수 없기에 말이다. 흐트러지지 않고 조금 더 텐션을 갖고 일에 몰입할 수 있는 공간을 찾아서. 빨랫감과 바닥 먼지, 싱크대에 쌓인 설거지에 대한 걱정에서 벗어날 수 있는 공간을 찾아서.

 홍보 업무의 본질은 크게 달라지지 않았다. 확진자가 많을 때는 점심과 저녁을 겸한 미팅 자리를 조심했지만, 상황이 나아지면 다시 기자들을 만났다. 단순한 통화나 메시지만으로는 회사에 대한 신뢰를 쌓는 데 한계가 있었다. 직접 얼굴을 마주하고 우리를 소개하며, 상대가 가진 오해를 풀어가는 과정이 훨씬 효과적이었다.
 그래서 오히려 이해의 차이와 갈등이 많은 시기일수록 자연스럽게 외부 근무가 늘어났다. 나는 주요 미팅 지역을 중심으로 일하기 좋은 공간들을 스스로 발굴하고 아카이빙했으며, 그곳들을 나만의 '노동 플레이스'라 불렀다.

 충무로에서 점심 미팅이 있는 날에는 섹터 커피 로스터스에서,

여의도 미팅이 있을 때에는 카페 꼼마에서 근무했다. 서울역 근처에서는 옵튼을, 신논현이나 강남역에서는 가배도를 찾았다. 노트북을 켠 손님을 내쫓지 않고 소음이 울리지 않으며, 독립된 콘센트까지 있었다. 심지어 커피 맛까지 좋은 카페를 찾는 건 쉽지 않았다. 그렇게 지난 5년간 '카택근무'를 하며 나만의 보물지도를 만들어 왔다.

그러다 작년부터 주 5일 재택근무가 주 1~2일 출근제로 바뀌었다. 화상으로만 보던 동료와 대면 회의를 하고, 메신저로만 인사하던 사람들과 식사를 함께하며 감정을 나누었다. 단지 사무실에 나와 책상에 앉아 있다는 사실만으로도 마음이 한결 편해졌다. 더 이상 매 순간을 증명하려 애쓰지 않아도 되었기 때문이다.

05

좋은 제도를
내 것으로 만드는 힘

　딸아이는 만 1세부터 어린이집에 다녔다. 기저귀를 차고 어설프게 걷던 아이가 어린이집에서 처음으로 배워온 것이 있다. 바로 자신의 신발을 가지런히 벗어 신발장 자기 자리에 올려두는 일이었다. 그 모습을 보고 얼마나 깜짝 놀랐는지 모른다. 자신의 물건을 스스로 정리하고, 뒷자리를 깨끗이 하는 방법을 배우다니, 아이는 그렇게 하나씩 생활 습관을 익혀 갔다.

　14년 차 직장인인 나는 회사를 어린이집의 관점으로 바라본다. 지금까지 세 곳의 직장을 거치며 몸에 밴 좋은 습관들을 소개한다.

✦ 취재수첩

　기자의 필수 용품 중 하나는 수첩이다. 취재 내용을 적고, 떠오르는 발제거리도 적는다. 잘 모르는 용어는 나중에 찾아봐야지 하고 적는다. 인터뷰할 때 던질 질문도 적는다. 2년 만에 언론고시 터널을 지나 기자가 됐을 때, 기자협회에서 나온 기자수첩을 받고 감격을 주체하지 못했다. 스마트폰이 보급되고 '카카오톡 나에게 쓰기', 구글 킵, 에버노트, 노션 같은 애플리케이션도 써봤지만 결국 나는 손으로 끼적이는 것이 좋아 수첩을 쓰고 있다.

　영감은 떠오를 때 바로 적어 두지 않으면 금세 휘발된다. 업무 관련 메모뿐만 아니라 어떤 장면을 보고 든 생각, 누군가 추천해 준 책이나 영화 제목, 여행지에서의 감상까지 메모한다. 요즘처럼 기억이 깜빡거릴 때는 친구와 만날 때 나눌 대화를 잊지 않으려고 적어 두기도 한다.

✦ 클린데스크

　직방 오피스는 도서관 열람실처럼 정해진 자리가 없었다. 출근하면 원하는 자리에 앉고, 조직별 큰 구분은 없었지만 협업이 필요한 동료가 있다면 가까이에 앉아 업무를 할 수 있었다. 클린데스크는 자율좌석제의 전제 조건이었다. 좌석 선점이나 사석화는 금지되었기 때문에 모든 짐을 사물함에 넣고 퇴근해야 했다.

　한 번은 책상 밑에 노트북 어댑터를 몰래 두고 갔다가, 경영관리

팀으로부터 '클린데스크 위반' 경고를 받은 적도 있다. 슬리퍼나 텀블러, 별도 키보드, 노트북 거치대 등 살림살이가 많은 구성원에겐 꽤 번거로운 제도였지만, 이 덕분에 나는 내 자리를 정리하는 습관을 들였다. 지난 5년간 재택근무 기간에도 업무를 마친 후에는 노트북, 어댑터, 마우스, 키보드, 받침대 등 모든 장비를 가방에 정리해 두었다. 이 습관은 단순한 정리 행위가 아니라 깨끗해진 책상이 주는 심리적 개운함과 함께 '하루의 일을 마쳤다'는 확실한 종료 신호가 되어 주었다.

✦ 자기성장 도서비 지원

우아한형제들은 구성원의 성장을 돕기 위해 다양한 종류의 책을 읽어볼 수 있도록 도서비를 지원하고 있다. 만화책, 잡지, 아동서적, 전집처럼 구매가 제한된 경우도 있지만, 전반적으로 구매 가능한 책의 범위가 훨씬 넓다. 단, 책은 반드시 오프라인 서점에서만 구매할 수 있다. 책이란 만져보고 읽어보며 자신에게 맞는 것을 고르라는 뜻이 담겨 있다. 서점에서는 의도하지 않았던 책이 시선을 끌어 계획에 없던 새로운 독서로 이어지기도 한다.

나는 이 제도를 우리 집에도 도입했다. 아이가 원하는 책이라면, 몇 가지를 제외하고는 가급적 다양한 책을 접할 수 있도록 지원하고 있다. 구매 제한 서적도 있다. 유치원 때까지는 컬러링북이나 스티커북 같은 놀이형 책은 제외됐고, 최근에는 '흔한남매(유튜브 영상을 풀어낸 코믹북)' 같은 만화책도 지원하지 않았다. 대신 책은 반드시 고를 수 있게 했으며, 독서 경험을 정리할 수 있도록 독서록 작성까지 병행하게 했다(엄마의 욕심을 가득 담아).

회사와 직무마다 고유한 조직 문화와 분위기가 있다. 일하다 보면 자연스럽게 습관으로 체화되는 것들이 있다. 직장 생활을 통해 배운 좋은 경험과 제도, 그리고 작은 습관들을 나의 일상에 도입하는 것은 스스로를 성장시키는 영리한 방법이다.

🔍 일 잘하는 TIP

1. 떠오른 영감은 즉시 기록하라

작은 메모가 창의성과 실행력을 지켜준다.

2. 데스크를 정리해라

정리된 공간이 하루 업무의 끝을 명확히 한다.

3. 직장 제도를 일상에 활용해라

직장에서 배운 경험과 제도를 일상에 도입하면 성장의 기반이 된다.

부서/직무 소개

곽보연

홍보실 홍보기획팀
#언론홍보 #리스크매니지먼트 #네트워킹

"김 이사, 당장 그 기사 내려!" 드라마에서 한두 번쯤 들어봤을 법한 대사죠. 일반적으로 회사 대표가 홍보 담당 임원에게 부정적 기사 삭제를 지시하는 장면에서 많이 나옵니다. 대표는 왜 기사를 내리라고 지시했을까요? 바로 기사가 지닌 힘 때문입니다. 언론 보도에는 힘이 있죠. 기업에 대해 부정적인 이미지를 갖게 하는 힘, 잘못된 정책을 비판하는 힘 등이요. 반대로 어떠한 사회적 이슈를 널리 알려 많은 이들의 마음을 움직이거나 잘못된 것을 바로잡게 하기도 합니다. 증권시장에 상장된 기업이라면 기사로 인해 주가가 출렁일 수도 있지요.

저는 10년 차 홍보인입니다. 언론홍보를 거쳐 지금은 홍보기획팀에서 홍보 전략을 짜고 있어요. 우리 회사를 바라보는 수많은 언론사와 기자들에게 메시지를 전하고, 기사를 보는 수많은 독자들 — 그 중에는 소비자도 있고, 주주도 있고, 라이더와 외식업주 등도 있어요 — 여러 이해관계자에게 이 메시지를 전달하는 역할을 합니다.

회사가 잘하는 점은 칭찬받을 수 있도록, 아쉬운 부분이 있다면 지적을 발판 삼아 나아갈 수 있도록 언론과 회사 사이에서 커뮤니케이션 하는 일을 하고 있습니다.

Part 5.

사장님에게
진심이 닿기를

이현주 (커뮤니케이션 기획, 파트너커뮤니케이션팀)

01

역할은 변해도
본질은 남는다

✦ **일의 본질은 같다**

Q. 좋아하는 시나 소설, 노래 중심으로 자신을 자유롭게
소개해 주세요.

우아한형제들에 입사할 당시 제출했던 자기소개서의 첫 문항이다. 여기서 '이현주라는 사람은 누구인가'를 잠깐 소개하고자 한다. 나는 국어국문학을 전공했고, 우아한형제들에 입사하기 전에는 아동 전문 출판사에서 에디터로 3년간 그림책과 디지털 콘텐츠를 만들었다. 취미는 영화를 보고 평가하는 일이며, 소소하게 자랑하자면 영화 평가 플랫폼 상위 0.1%에 오르기도 했다. 이 정도면 하고자 하는 이야기가 어느 정도 전해졌으리라 생각한다.

내 삶을 스쳐 지나간 콘텐츠는 수없이 많았다. 그중 단 하나, 인

생을 관통하는 작품을 고르는 일은 정말 어려웠다. 오랫동안 고민했다. 지원하는 '콘텐츠 PD'라는 직무에 맞게 소위 '있어 보이는 작품'을 선택해야 하나 갈등도 했다(말이 너무 길었다). 그래서 어떤 콘텐츠를 골랐느냐고?

> I could be red
> Or I could be yellow.
> I could be blue
> Or I could be purple.
> I could be green
> Or pink or black or white.
> I could be every color you like.
> —스텔라장, 『Colors』 중

이 노래를 따라 불렀을지 혹은 가사가 너무 단순해 실망했을지 궁금하다. '나는 네가 원하는 어떤 색깔이든 될 수 있어.' 굳이 한 줄로 요약하자면, 내 자소서는 이 문장과 다르지 않았다. '우아한형제들이 원하는 어떤 콘텐츠든 만들어 드립니다.' 서류 합격 통보를 받은 뒤, 면접장에서 이 노래를 시킬지도 모른다고 생각했다(당시에는 꽤 합리적이라 느껴졌다). 그래서 노래방에 가서 연습까지 했다. 결국 우아한형제들 콘텐츠 PD로 무사히 입사할 수 있었다. 다행히 면접에서 노래를 요청하는 일은 없었다.

'사람은 생각하는 대로 살아간다'는 말이 있다. 우아한형제들에 입사한지 벌써 3년 6개월이 지났다. '회사가 원하는 어떤 것이든 다 만들어 드립니다'라는 깃발을 너무 열심히 흔든 탓일까, 회사와 조직의 목표가 변하면서 나의 직무는 세 번이나 바뀌었다. 콘텐츠 PD에서 전문 에디터로, 커뮤니케이션 기획자로. 입사지원서에서 했던 약속을 지킨 셈이다.

3년 동안 직무를 세 번이나 바꿨다고 하면 사람들은 놀란다. 대다수가 힘들지 않았냐고 묻는다. 사실은 반은 힘들고 반은 재미있었다. 변화에는 회사의 필요뿐 아니라 내 의지도 있었기 때문이다. 나는 누워 있는 걸 정말 좋아하는 것치고 평생 일하고 싶은 사람이라, 마흔 넘어서까지 할 수 있는 일을 찾아 커리어를 계속 바꿔왔다. 머리가 깨지지 않게 맨땅에 헤딩하는 법을 터득해왔지만, 커뮤니케이션 기획자로 직무를 옮겼을 때는 좀 힘들었다.

업무의 무게감이 상당했고 해보지 않은 일에서 성과를 낼 수 있을지 고민이 많았다. 하지만 직무는 달라져도 일의 본질은 같았다. 나는 늘 '누군가를 위해 만드는 사람'이었다. 영상 깎는 노인에서 글 깎는 노인을 거쳐 이제는 커뮤니케이션을 깎는 노인이 된 것뿐이다. 약속하지 않았던가. 네가 원하는 어떤 색깔이든 될 수 있다고.

현재 나는 '사장님커뮤니케이션팀(현 파트너커뮤니케이션 팀)'에서 일한다. '사장님'을 향하는 '커뮤니케이션'을 만드는 팀이라고 생각하면 쉽다. 팀명만 들으면 두 가지로 갈리는데, 하나는 'CEO 수행 팀이야?'이고 다른 하나는 '너 PR로 언제 바꿨어?'이다. 이렇게 오해하기 쉽지만 둘 다 아니다. 내게 사장님은 CEO가 아니라 배달의민족에 입점한 외식업주들이다. 우리 팀 구성원들이 바라보는 진짜 사장님이다. 그중에서도 나는 배달의민족을 처음 시작한 사장님들이 주문을 많이 받을 수 있도록 지원하는 '온보딩 커뮤니케이션'을 전담하고 있다.

02

온보딩 프로그램의
목표

　배달의민족은 광고를 처음 시작한 사장님에게 '신규가게 밀착케어'라는 온보딩 프로그램을 제공한다. 입점 후 3일 동안은 '기초 미션'이 진행된다. 미션을 따라 하면 배달의민족 앱에서 주문을 받는 데 필요한 기본적인 가게 품질을 갖출 수 있고, 미션을 완료한 가게는 운영에 도움이 되는 리워드를 받는다. 미션이 끝난 뒤에는 광고 시작 14일까지 가게 운영에 필요한 운영 노하우가 발송된다. 음식 포장부터 리뷰 관리, 손익 관리까지 가게 운영 전반에 걸쳐 배달을 처음 시작한 사장님께 꼭 필요한 내용으로 구성되어 있다.

　신규가게 밀착케어, 즉 온보딩 프로그램의 목표는 사장님이 배민에 빠르게 적응해 주문을 많이 받도록 돕는 것이다. 사장님과 일면식도 없지만 장사가 잘되길 가장 바라는 사람이 아마 나일 것이

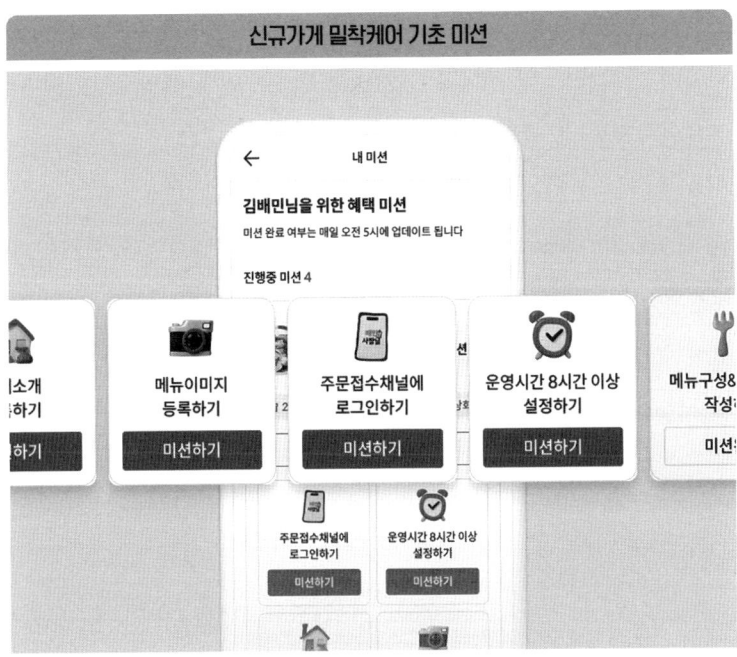

다. 이를 위해 안내 대상을 선정하고 필요한 정보를 정리한 뒤, 시기와 방식을 결정한다. 그리고 고객센터의 협조를 받아 사장님에게 선제 안내를 하고 사장님의 이해를 돕는 콘텐츠와 알림톡을 제작하고, 안내 결과를 측정해 후속 프로그램의 방향을 정하는 것까지. 이 전 과정이 나의 업무다.

2023년 1월, 처음으로 온보딩 프로그램을 맡았다. 그전에는 광고를 처음 시작한 사장님을 위한 온보딩이 사내에 없었다. 회사는 처음 도입하는 제도였고, 나는 커뮤니케이션 경력이 전무했다. 그야

말로 환장의 콜라보였다. 실장님 보고에 이어 센터장님 보고를 준비하며 기획안을 네 번이나 고치면서 한 달 내내 새벽 1시까지 야근하던 기억이 생생하다.

기획안은 무사히 통과했지만, 커뮤니케이션과 프로그램의 효과를 담보하려면 데이터가 필요했다. 6개월 동안의 파일럿 테스트가 시작되었다. 작게 시험해 보고 성공하면 정식으로 도입하는 건, 회사마다 비슷하리라. 6개월 내내 아침마다 내가 일어나자마자 한 일은 이랬다.

1. 그날 광고를 시작한 신규 사장님 데이터 확인
2. 신규 사장님 데이터 가공
3. 메시지 센터에 데이터 입력 후 알림톡 발송
4. 알림톡 클릭률 및 사장님 행동 변화 데이터 확인
5. 개선안 도출 및 반영

정확한 수치를 밝힐 수 없지만, 정말 많은 사장님이 내가 직접 발송한 알림톡을 받았다. 6개월 동안 알림톡을 실수로 발송한 건 총 네 번이었다. '사람이 하는 일'이라며 너그럽게 양해해 주신 당시 팀장님께 지금도 감사하다.

파일럿 테스트의 효과는 6개월 만에 입증되었다. 미션 프로그램과 온보딩 커뮤니케이션이 자동으로 운영되도록 프로덕트가 개발됐고, 관련 데이터를 전담 분석해 주는 든든한 BA$^{Business\ Analyst}$(비즈니스 분석가) 동료도 생겼다. 온보딩 커뮤니케이션은 신규 가게 밀착케어라는 공식 명칭을 달았다. 이 변화까지 걸린 시간은 1년 8개월. 그동안 n00,000명의 사장님이 내가 기획한 온보딩 커뮤니케이션을 경험했다. 온보딩 커뮤니케이션에 충실히 따른 가게는 그렇지 않은 가게에 비해 첫 달 주문 수가 훨씬 많다는 것도 증명됐다. 지금은 사장님께 더 많은 혜택과 도움을 드리기 위한 다음 단계를 준비 중이다.

여기까지 읽은 여러분은 아마도 '직무 전환 후 처음 맡은 프로젝트 치고는 지나치게 자랑이 길다'고 생각할지 모른다. 그러나 나는 결코 타고난 기획자도, 특별한 재능을 지닌 천재도 아니다. 오히려 아주 평범한 편이다. 그럼에도 세 번의 직무 변경에 잘 적응할 수 있었던 네 가지 업무 습관이 있다. 지금부터가 본론이니, 제발 책장을 덮지 말고 끝까지 읽어 주시길 바란다.

03

질문으로 만난
좋은 동료들

✦ **질문에는 요령이 필요하다**

　재학생의 80%가 전공과 관련 없는 일을 한다는 국문과를 나와 서인지, 일을 하다 보면 같은 길을 걷고 싶다는 후배들의 상담 요청을 종종 받았다. 조언할 처지는 못 되지만 일을 할 때 꼭 전하는 말이 있다. "질문을 많이 해라." 후배들의 반응을 통해 질문하는 걸 어려워하는 사람이 의외로 많다는 사실을 알게 되었다.

　나 역시 대학생 때는 질문을 좋아하는 편은 아니었다. 교수님이 '질문 있는 사람 있나요?'라고 물으면, 눈이 마주칠까 노트북에 어깨를 바짝 붙이는 학생이었다. 질문을 두려워하지 않게 된 건 첫 회사에서 만난 선배 덕분이다.
　인턴을 마칠 무렵, 선배는 내게 '현주 씨는 적절한 타이밍에 적절한 질문을 하는 사람이라 어느 곳에 가도 잘 적응할 것이다'라는 글을 카드에 남겨 주었다. 이 말은 가슴 속에 깊이 남았다.

그래서 나는 질문할 때 지키려는 몇 가지 규칙을 세웠다.

🔍 일 잘하는 TIP

1. 이름과 소속을 먼저 밝히기

첫 대화에서는 반드시 자기소개를 한다. 슬랙에 이름과 팀명이 표시되더라도 직접 인사를 건네는 과정은 신뢰를 쌓는다.

2. 첫 메시지에 용건을 명확히

메시지를 끊어 보내기보다 한 번에 정리해 전달하라. 이름만 부르고 사라지면 불필요한 불안과 조급함을 준다.

3. 질문의 맥락까지 설명한다.

단순 질문보다 목적과 배경을 함께 밝히면 상대가 시간을 덜 허비하고, 원하는 답을 더 정확하게 얻을 수 있다.

4. 아는 척 말고 솔직하게

질문할 때는 모르는 것을 분명히 하라.

인지심리학자 김경일 교수님과 함께 일할 때 들은 얘기가 있다. 보험 판매를 할 때 판매자가 가장 골치 아픈 고객은 솔직하게 잘

모른다고 인정하는 고객이라고 한다. 왜냐하면 아는 척하는 고객은 본질은 다 이해하지 못했더라도 알아듣는 척을 하기 때문에 품이 덜 들지만, 잘 모른다고 인정하는 고객에게는 처음부터 끝까지 설명해야 하기 때문이란다. 하지만 이 이야기를 들으며 나는 오히려 깨달았다. 업무에서도 모른다고 솔직하게 말하는 것이 결국 더 낫다는 사실이다. 겉으로는 번거로워 보여도 정확히 이해하고 함께 문제를 풀 수 있는 길이 열리기 때문이다. 내가 먼저 솔직해질 때, 상대방도 솔직해진다.

지금까지 규칙을 종합해 보면 이런 식이다. 특별한 규칙은 아니지만, 기본만 지키더라도 업무가 훨씬 편해진다.

> 안녕하세요, 사장님커뮤니케이션팀 이현주입니다.
> ㅇㅇ님께서 작성하신 잠실 맛집 위키를 살펴보다가 궁금한 점이 있어 슬랙드려요. 잠실에서 가장 맛있는 짬뽕집이 A라고 되어 있었는데, 혹시 B와의 차이는 무엇일까요? 제가 온보딩 신규 미션을 기획중인데, 이 분야에 대해 잘 몰라 참고하고자 여쭤봅니다.

✦ 질문의 경험이 남긴 자산

처음 온보딩 프로그램을 기획할 때 회사가 진행했던 여러 프로젝트의 진행 상황과 키메시지를 파악해야 했다. 그래서 해당 프로젝트를 맡았던 다른 팀 동료에게 슬랙으로 업무 질문을 쏟아냈다. 일면식도 없는 사이였지만 성심껏 답해 주었다. 어떤 분은 1대1 미팅을 열어 화면을 공유하며 설명했고, 또 다른 분은 논의 과정을 정리한 위키 자료를 보내주었다. 무엇보다 모두가 "궁금한 게 있으면 언제든 다시 물어보세요."라고 말해주었는데, 그 따뜻함에 눈물이 찔끔 나기도 했다.

그 포용력이 없었다면, 나는 마치 바위를 혼자 주먹으로 치다 지쳐 무너졌을 것이다. 당시 대뜸 1대1 미팅을 요청해 당황했을 텐데, 이 자리를 빌려 진심으로 감사 인사를 전하고 싶다.

업무에 익숙해진 지금도 그때의 경험은 여전히 귀중한 자산이다. 온보딩 커뮤니케이션이 여러 부서와 연결되면서 다른 팀과 협업할 일이 많아졌기 때문이다. 그래서 때로는 같은 팀원보다 다른 팀 동료와 대화를 더 많이 나누고 퇴근할 때까지 함께하기도 한다.

다른 부서의 동료가 서툴게 질문할 때 '이렇게 기초적인 것부터 설명해야 하나?'라는 생각이 들기도 한다. 하지만 말하는 감자 수준이었던 내가, 제법 직장인처럼 말할 수 있게 된 건 친절한 동료들 덕분이었다. 질문의 내용은 잊힐 수 있어도 질문에 답해준 사람의 얼굴은 오래 기억에 남는다.

04

조각을 모아내는 사람이 일도 잘한다

어떤 업무든 필연적으로 '몰랐던 것'을 설명해야 하는 순간이 찾아온다. 콘텐츠, 혹은 커뮤니케이션을 기획하는 사람이라면 특히 그렇다. 이제서야 고백하지만 온보딩 커뮤니케이션을 처음 맡았을 당시 내 지식은 거의 말하는 감자 수준이었다. 회사 광고 상품조차 대략만 알고 있었다. 기획자가 잘 모르는 얘기를 '적당히 아는 척' 하면 경험하는 사람은 그 어설픔을 바로 알아챈다.

전문가 수준의 이해가 필요했다. 그 과정에서 큰 힘이 된 것은 자료 조사였다. 그림책 에디터로 일했던 경험 덕분에 자료 조사에는 자신이 있었다. 예전에 캠핑 관련 책을 맡았을 때는 텐트에 폴대 끼우는 방법조차 몰랐다. 지금은 어떨까? 물론 그럴 일이야 없겠지만, 만약 '쇼미더머니'에 나가게 된다면 1차 예선에서는 텐트 치는 순서를 무반주 랩으로 선보일 생각이다.

자료 조사를 할 때 중요한 것은 출처다. 그래서 나는 항상 회사 공식 문서를 최우선으로 수집한다. 온보딩 커뮤니케이션을 기획할 때도 회사 위키를 검색해 관련 문서를 빠짐없이 읽었다. 유관 부서 위키가 잘 정리되어 있었던 것이 천운이었다.

업무에 연관성이 있다고 판단되면 무조건 북마크했고, 한 번에 이해가 잘 되는 문서도 있었지만 쉽게 소화되지 않는 문서도 있었다. 그런 경우에는 북마크 폴더 안에 '한 번 더'라는 서브 북마크를 생성해 그곳에 모았다. 지금도 100개 이상의 위키가 저장된 북마크 폴더가 있다. '한 번 더' 폴더에 담긴 수많은 문서들을 캡쳐해 보여줄 수 없는 게 유일한 아쉬움이다.

🔍 일 잘하는 TIP 🔎

회사의 공식 문서만으로는 배경이 부족할 때가 있다. 이럴 때는 경험적 지식과 자료를 참고하는 것을 추천한다. 이전 회사에서 PBL Project-Based Learning 방식의 학습 만화를 담당한 적이 있는데, 내가 맡은 권은 캠핑이나 학교생활처럼 정답이 없는 주제들이었다. 그때 최대한 많은 전문가를 만나 의견을 구하고, 현장에서 나온 지식을 쌓아 가다 보니 길이 보였다. 덕분에 지금도 경험적 지식의 힘을 믿는다.

온보딩 커뮤니케이션을 기획할 당시, 위키를 읽었는데도 배경이

부족하거나 이유를 알 수 없을 때가 종종 있었다. 이럴 때는 슬랙에서 키워드를 검색해 실무자들이 주고받은 대화 스레드를 살폈다. 대화를 처음부터 끝까지 읽으면 맥락이 쉽게 이해됐고, 정리되지 않은 날것의 논의 과정을 보면 오히려 의문이 해소됐다. 검색만으로도 공개된 대화를 확인할 수 있다는 점은 슬랙의 최대 장점이라고 생각한다. 그래서 지금도 이슈가 생기면 자연스럽게 이렇게 말한다. "슬랙에 검색해 볼게요."

조각들을 하나둘 모아 가다 보면 어느 순간 큰 그림이 드러난다.

✦ 가독성과 이해를 위한 시도

초등학교 5학년도 이해할 수 있도록 쓸 것. 온보딩 커뮤니케이션을 기획할 때 세운 단 하나의 원칙이었다. 초기 콘텐츠를 보면 이 원칙이 콘텐츠에 깊이 스며들어 있다. 설명이 끊임없이 이어진다. 미션을 왜 해야 하는지, 그 미션이 주문 수 증가와 어떤 관련이 있는지, 고객은 이에 어떻게 반응하는지까지…… 내가 배달의민족 앱 세팅에 대해 전혀 몰랐던 만큼 신규 사장님도 모를 거라 생각해 설명을 길게 늘어놓곤 했다.

파일럿 테스트 때도 이런 안내를 받은 사장님들이 확실히 더 많은 주문을 받았다. 설문조사 결과도 '콘텐츠와 알림톡이 이해하기 쉽다', '만족스럽다'는 답변이 많았다. 하지만 늘 이런 피드백도

있었다. '더 쉽고 간단하게 이해하고 싶다'

그 이후로 가독성과 이해도를 높이기 위한 여러 시도를 했다. 영상으로 만들기도 하고 이미지를 GIF로 만들어 움직이게도 하고 미션마다 3줄 요약을 넣기도 했다. 콘텐츠 제작 툴에서 지원하지 않는 기능은 직접 HTML을 짜서 구현하기도 했다. 솔직히 고백하자면 수많은 시도를 거듭하면서도 마음 한 켠에서 이런 생각을 했다.

"얼마나 더 쉽게 설명해야 하는 걸까?"

그러던 중 파일럿 테스트가 끝나고 온보딩이 본격적으로 프로덕트로 구현될 시점에 디자이너가 새로운 제안을 했다. "Why가 아니라 How to를 중심으로 설명해보면 어떨까요?" 사장님의 하루 일과를 생각하면 오히려 미션을 하는 이유보다 방법을 알려주는 편이 더 실용적일 수 있었다. 결과는 놀라웠다. 미션 달성률이 약 10% 상승한 것이다. 사장님들은 콘텐츠를 '읽고 싶지 않아서' 읽지 않은 게 아니었다. 뉴닉의 허완 에디터가 말했듯 "깊이 읽기에는 삶이 너무 바빴을 뿐이다."

한국개발연구원^{KDI} 김민섭 연구위원이 2023년에 발표한 KDI 포커스 「OECD 연간 근로시간의 국가 간 비교분석과 시사점」에 따르면, 자영업자 비중이 1%포인트 늘면 그 나라의 1인당 연간 근로시간은 10시간가량 증가한다. 실제로 한 설문조사에서는 숙박·

음식점업 종사자의 평균 근무시간이 하루 11.5시간에 달한다고 한다. 가게를 운영하는 것만으로도 벅차니, 안내문을 꼼꼼히 읽을 시간이 나지 않는 것이다.

게다가 배달의민족 관련 정보는 유튜브나 사장님 커뮤니티 등 어디서든 쉽게 얻을 수 있다. 이런 상황에서 의도한 대로 콘텐츠를 처음부터 끝까지 차근차근 읽어주길 바라는 건 결국 만드는 사람의 욕심이었다. '얼마나 더 쉽게 설명해야 하나'라는 고민이 사실은 오만한 생각에 불과했다. 그때 알았다. 커뮤니케이션은 상대의 하루를 먼저 생각하는 일이라는 것을. 이 경험은 내게 두 가지 원칙을 남겼다.

첫째, 초등학교 5학년도 이해할 수 있게 쓸 것.
둘째, 사장님이 짧은 시간 안에 모두 읽을 수 있도록 하는 것.

쉬우면서도 짧게 쓰려니 매번 수행이 필요하다. 우스갯소리로 "커뮤니케이션 깎는 노인"이 되었다고 말하지만 정말 그 길을 걷고 있는 셈이다. 좋은 커뮤니케이션은 멋진 문장에서 시작되는 것이 아니다. 상대의 하루를 편하게 만드는 것에서 시작한다.

05

잘하는 일에 집중하는 법

✦ 데이터를 보면 세상이 보인다

설득력은 데이터에서 나온다. 데이터를 기반으로 커뮤니케이션을 기획할 때 훨씬 합리적이고 효과적인 방향으로 일할 수 있다. 나는 불행히도 숫자를 보는 데 굉장히 약한 사람이다. 여기에 써버린 시점에서 모두에게 공개되었지만, 대학 시절 회계관리를 재수강하고도 C+를 받았다는 사실을 그동안 비밀로 지켜왔다. 다른 팀원들은 척척 데이터를 요청하고 성과와 결과가 잘 보이도록 로우 데이터를 잘 다루는데 능숙했다. 그런데 나만은 영 젬병이었다.

한 번은 온보딩 업무를 내게 맡겼던 팀장님이 "현주님은 왜 이렇게 해야 하는지를 논리적으로(데이터 기반으로) 설명하지는 않지만, 그냥 하면 그 방향이 맞는 사람"이라고 말씀하셨다. 그 말을 듣고, 다음 일대일 면담에서 나는 SQL을 배우겠다고 선언하고 말았다.

'데이터를 왜 잘 다루지 못하는가? → 데이터가 어떻게 구성되는지를 몰라서 그런 게 아닐까? → 그렇다면 SQL을 배워야겠다.' 이런 식으로 생각이 이어졌다. 그런데 팀장님은 나를 말리면서 잘하는 일을 더욱 발전시키는 데 집중하는 것이 낫다며 마케팅 관련 도서를 몇 권 추천해 주었다. 그때부터 온갖 마케팅 책을 찾아 읽었고, 목적에 맞게 데이터를 추출하는 여러 사례를 실습하면서 도움을 얻을 수 있었다.

영감이 잡히지 않을 때는 동료들의 작업 방식을 벤치마킹했다. 팀원들이 만든 콘텐츠는 대부분 배민외식업광장에 게시된다. 배민외식업광장은 로그인하지 않아도 콘텐츠를 볼 수 있으니, 궁금하다면 직접 확인하는 것도 추천한다. 나 역시 그곳에 올라온 배민 노하우를 전부 읽고 콘텐츠마다 사용된 데이터를 정리했다.

- 콘텐츠 A 데이터: 주문수, 클릭 수*, 노출 수**
- 콘텐츠 B 데이터: 동일 기간 광고를 사용한 가게의 주문 수 비교
- 콘텐츠 C 데이터: 고객 설문조사 결과

  * 클릭 수: 고객이 배민앱에서 가게를 눌러본 횟수
  ** 노출 수: 가게가 배민앱 화면에 고객에게 보여진 횟수

이 작업을 반복하면서 자주 쓰이는 데이터의 종류, 추출 기간, 비교군 설정 등을 체득했다. 지금은 설문조사 결과를 연령별, 업력별로 나눠 두 항목 간의 상관관계를 분석하는 수준에 이르렀다. 이쯤이면 데이터 달걀을 깨고 나온 데이터 햇병아리 정도가 되었다고 해도 되지 않을까. 이제는 다른 팀과 의사 결정을 할 때도 먼저 그 결론의 근거가 되는 데이터가 있는지를 묻는 사람이 되었으니 꽤 장족의 발전이다. 요즘은 BA$^{Business\ Analytics}$ 동료와 파트너가 되어 함께 업무하면서 더 깊게 배우고 있기도 하다.

✦ 긍정의 말이 원동력이 된다

지금까지 세 번의 직무 변경 속에서 내가 잘 적응할 수 있었던 네 가지 업무 습관을 적었다. 업무 습관도 내게 힘이 되었지만, 사실 무엇보다 큰 힘이 되어준 건 사장님이다. 사람인지라 일하면서 힘이 빠질 때가 있다. 그럴 때면 피드백을 본다. 온보딩 프로그램과 커뮤니케이션을 경험한 사장님들이 보내준 긍정적인 피드백을 따로 모아 두었기 때문이다. 그중 몇 가지를 소개하면 이렇다.

> - 처음 접하는 배달일이고 컴퓨터를 다루는 것도 느려서 따라가는 게 처음엔 힘들었으나, 차츰 익숙해지고 있어서 잘 이해할테니 계속 체크해 주시기 바랍니다.

- 장사하는 데 도움되는 정보를 주기적으로 받아 늘 잘 활용하고 있습니다. 특히 초보 사장님들에게 큰 힘이 되는 것 같아요.

- 오랜 기간 가게를 운영해 온 사장님들에게도 자신의 매장을 다시 돌아보게 하는 좋은 계기가 되는 것 같아요.

이런 의견을 읽다 보면 다시 힘이 난다. 더 열심히 해야겠다고 다짐하게 된다. 나에게 가장 큰 기쁨도 때로는 슬픔도 결국 사장님으로부터 온다. 기쁨과 슬픔이 따로 찾아올 때도 있고 동시에 몰려올 때도 있다. 그래서 오늘도 나는 내 진심이 사장님에게 닿기를 간절히 바란다.

부서/직무 소개

이현주

파트너커뮤니케이션팀
#파트너향커뮤니케이션 #브랜딩 #콘텐츠

배달의민족의 가장 중요한 '파트너'는 누구일까요? 바로 배민을 이용하는 외식업주입니다. 파트너커뮤니케이션팀은 업주와의 소통을 전담하는 팀으로, 파트너가 배달의민족으로부터 받는 모든 메시지를 관리하죠. 역할은 크게 세 가지입니다. 첫째, 서비스나 정책의 변동 사항을 업주에게 알리는 커뮤니케이션을 전담합니다. 둘째, 파트너가 배민에서 주문을 더 많이 받을 수 있도록 지원 정책을 수립하고 실행합니다. 셋째, 배달의민족이 파트너를 위해 만든 콘텐츠를 더 많은 파트너에게 전달합니다. 한 줄로 요약하자면, '파트너의, 파트너에 의한, 파트너를 위한' 팀입니다.

우리 팀원들은 모두 다른 프로젝트를 하고 있지만 고민은 같습니다. 파트너가 배달의민족 서비스를 더 쉽게 이해하고 더 많은 주문을 받을 수 있도록 돕고 싶다는 것이죠. 공지는 언제 내보내야 할지, 무슨 콘텐츠를 제작해야 할지, 어떤 표현을 써야 파트너가 이해하기 쉬울지, 안내는 알림톡으로 보낼지 문자로 보낼지, 고객센터 대응은 어떻게 해야 할지… 메일 수많은 고민을 주고받습니다. 그래서 오늘도 우리는 달립니다.

Part 6.

질투는
마케터의 연료

오아름 (브랜드 마케터, 캠페인플래닝팀)

01

나의 길을
찾아가는 시간

✦ 마케터의 적성

오늘도 말해버렸다. "나.는.마.케.터.랑.안.맞.는.것.같.아"

영혼 없이 내뱉고 나니 최근 팝업스토어에서 만난 대학생 스태프의 얼굴이 떠올라 괴로워졌다. 현장 인력 스태프였던 그녀는 브랜드 마케팅을 하는 우리 팀을 동경하는 눈빛으로 이것저것 물어왔다. "어떻게 하면 마케터가 될 수 있나요?" "마케터가 되려면 뭘 잘 해야 하나요?"

그녀는 졸업 후 꼭 마케터가 되고 싶다고 했다. 이렇게 간절히 바라는 사람도 있는데 나 같은 게 마케터라며 돈을 벌어도 되는 걸까. 도대체 브랜딩은 무엇이고 마케팅은 또 무엇이기에 나의 자기효용감을 이렇게 박살내는 걸까. 나를 브랜드 마케터로 뽑아준 인성님이 쓴 책 『마케터의 일』을 팬시레 뒤적여 본다. 인성님, 도대체

저의 어떤 면을 보고 배민 마케터로 뽑아주신 건가요?

마케터의 일이 정확히 무엇인지 여전히 확신할 수 없다. 하지만 마케터라는 직함을 달고 제 역할을 잘 해내는 동료들은 주변에 아주 많다. 마케터가 적성에 딱! 맞는 사람처럼 보이는 동료들. 오늘도 그런 일 잘하는 동료들(혹은 다른 회사 마케터들)을 부러워하고, 시기하고, 미워하고, 질투하고 또 나의 부족함을 반성하며 하루가 저물었다.

개인적 변명을 하나 하자면 사실 나는 내 의지와 상관없이 마케터가 되었다. 대학에서 영화를 전공했고 줄곧 엔터테인먼트 업계에서 뮤직비디오, 유튜브 콘텐츠, SNS 숏폼 등 아티스트 관련된 영상을 제작했다. 영상 포맷에 따라 맡은 역할은 조금씩 바뀌었지만 중요한 건 이런 콘텐츠에는 주인공(해당 아티스트)이 명확하고 이 영상을 볼 타겟 또한 뚜렷했다.

콘텐츠 소비 대상을 아티스트의 팬덤으로 상정하고 제작하다 보니 '이 아티스트가 무엇을 했을 때 팬들이 이 영상을 많이 볼까?'라는 질문이 기획의 출발점이었다. 그다음 단계는 그 모습을 영상에 어떻게 담아낼지 고민하는 것이었다. 우리 A팀의 B라는 멤버가 무엇을 하면 조회수가 많이 나올까 하는 생각에서 출발한 기획이었다. 인기곡 커버? 유행하는 챌린지? 프리스타일 댄스? 아니면 다른 멤버의 생일파티를 축하하는 모습을 찍을까, 한강에 놀러가 라면 먹는 모습을 찍을까 하는 고민들.

　이런 뾰족한 영상을 만들었던 경력이 너무 광고스럽지 않은 브랜디드 콘텐츠를 만들고자 새 팀을 꾸리던 당시 배민에 입사하는 데 유효했던 것 같다. 콘텐츠PD라는, 브랜드 마케터 못지않게 멋스러운 포지션으로 배민에 합류했다. 마침 모든 회사가 자사의 브랜드 유튜브 채널을 만들며 콘텐츠를 쏟아내던 시기였다. 내가 속한 콘텐츠팀도 배민의 브랜드 콘텐츠 제작을 시작했다. '자, 우리 브랜드를 사람들이 좋아하게 만들려면 어떤 영상을 만들면 좋을까?'라는 고민으로부터 시작한 영상들.

　'어떤 영상을 만들면 좋을까'라는 질문 뒤엔 '그러면 누가 나와야 하지?', '영상의 메시지는?', '애초에 이런 영상에 메시지가 꼭 있어야 하나?' 같은 질문이 이어졌다. 사실 엔터에서 일할 땐 이 영상에 누가 찍혀야 할지, 누가 봐줄지, 어떤 메시지를 가져야 할지에 대한 과정을 거칠 필요가 없었다(이미 정해져 있으니까). 그래서 이런 고민들이 생소했다.

　지나고 보니 누구를 위해- 뭘 할까- 근데 '왜'를 고민한 이때부터가 나의 브랜드 마케터 육성 과정의 시작이지 않았을까. 하지만 그 고민으로부터 약 1년 뒤, 어른들의 사정으로 배민의 브랜디드 채널은 운영을 멈추게 되었고 우리 팀도 사라졌다. '너! 우리 회사 브랜드 마케터가 되어라'라는 계시를 받은 듯 브랜딩 팀으로 합류하게 된 것이다. 나는 어느새 사람들 앞에서 이렇게 소개하는 스스로를 발견하게 된다. "브랜드 마케터고요. 사람들이 배민을 좋아하도록 하는 모든 일을 합니다."

　마케터가 되고 보니 자고로 마케터의 일이란, 정확히 남에게 어떤 일을 하는지 설명하기 어렵고 회사 안에서는 끊임없이 '이런 일도 한답니다'라며 새로운 역할을 맡는 포지션인 것 같다. 누구나 할 수 있는 일처럼 보이기도 해서 도드라지게 잘하기는 어렵다. 그럼에도 불구하고 본인의 존재 가치를 뽐내며 잘하는 사람들이 분명히 있는데 그게 마케터의 적성이라 할 수 있다.

　아직 나는 어떤 브랜딩이 좋은 브랜딩인지, 어떤 마케팅이 잘된 마케팅인지 설명할 지식과 경험을 완성해 가는 중이다. 하지만 다행히 주변에는 골져스한 마케터가 많다. 그렇다면 이들의 역량과 재능을 조금씩 흡수하며 더 나은 마케터로 성장하면 된다.

02

풍선 하나에도 마음을 담아

훌륭한 마케터들은 대체로 공감 능력이 뛰어나다. MBTI로 치면 F 성향의 감성에 가깝지 않을까. 자고로 공감이란 상대의 입장에서 그 마음을 내 일처럼 느끼고 이해하는 것이다.

공감 능력은 이 일을 하는 데 매우 필수적인 역량이라고 생각한다. 늘 타자의 입장에서 우리 브랜드를 바라보고, 왜 우리 브랜드를 좋아하는지 혹은 왜 좋아하지 않는지를 고민하는 일이야말로 브랜딩의 시작이기 때문이다.

하지만 나는 상대의 입장에서 공감해 주기보다 "왜 그런 생각을 했는데?", "그럼 내가 뭘 해주면 되는데?"라는 말이 먼저 튀어나오는 사람이다. 여기에 영화 전공 특유의 시니컬함이 한 스푼 더해졌다. 최악이다. 메마른 인간.

캠페인 기획을 시작할 때 "이렇게 하면 좋지 않을까? 사람들이 좋아할 것 같지 않아?"라며 상기된 팀원들의 감성에 나는 곧바로 "그거 근데 이래서 문제될 것 같아요"라며 초를 치던 사람이었다. 물론 초반부터 리스크를 줄이는 조심성 있는 사람이라고 포장하고 싶지만 말이다.

고비사막처럼 건조한 마케터였던 나도 훌륭한 동료들을 만나 조금씩 다정을 배우고 있다. 2022년, 배민의 호감도를 높이고 '배달할 때만 떠오르는 브랜드'라는 인식을 바꾸기 위해 페스티벌 어택을 진행한 적이 있다. 당시 페스티벌 수요가 치솟을 때였다. 사람들이 많이 모이는 곳에서 그들을 즐겁게 하고, 우리 브랜드에 긍정적인 경험을 심어주는 게 목표였다. 민트 컬러와 배달이로 꾸민 배민 부스에서 다트로 풍선을 터뜨리면 선물을 주는 방식의 이벤트였다. 당시 나는 아무리 소소한 경품이라도 당연히 터뜨린 풍선 개수에 따라 차등해야 한다고 믿으며 보상 체계를 짜고 있었다. 그때 옆에서 나를 지켜보던 동료의 한마디. "이거 그냥… 다 주면 안 되는 거예요?"

아차 싶었다. 시간을 들여 우리 이벤트 부스를 찾아준 사람들에게 재미있는 게임을 제공하고 자사 브랜드에 대한 긍정적인 경험을 주는 것이 목표인데 말이다. 만약 긴 줄을 서서 게임에 참여했는데 풍선을 하나도 못 터뜨렸다고 빈손으로 돌려보낸다면? 남녀노소

그랜드민트 페스티벌 배민 부스

모두 참여하는 이벤트에서 어린이가 실패했다고 아무것도 얻지 못한다면? 그건 너무 매정하지 않은가.

곧바로 나의 무심함을 반성하며 이벤트 선물 리스트를 수정했다. "배민하면 먹을 걸 빼놓을 수 없지. 이 간식, 저 간식 풍성하게 챙겨 가라! 놀러 나왔으면 솜사탕이지, 솜사탕도 받아 가라!"

결과적으로 이벤트는 대성공적이었다. 현장에서 손뼉 치며 즐거워하는 관객들을 보는 건 정말 예상치 못한 기쁨이었다. 흙먼지 날리던 운동장에 촉촉한 봄비가 내리는 기분이랄까. 현장 게임 진행 스태프로 뛰어다니며 응원하다 보니, 행사 후기에 이런 글까지 달렸다. "배민 직원분 러쉬 알바생인 줄 알았어요ㅋㅋ" 평소의 나를 아는 친구들과 동료들은 아직까지 이 에피소드를 믿지 않는다.

🔍 일 잘하는 TIP

1. 공감 능력을 키워라

마케터의 시작은 '고객의 하루'에서 출발한다. 상대방이 왜 우리 브랜드를 좋아하고 싫어하는지 고민하는 습관이 필요하다.

2. 경험을 우선해라

"찾아온 모두가 즐겁게 돌아갈 수 있게 하자"가 정답일 때가 많다. 마케터는 긍정적인 경험을 설계하는 사람이 되어야 한다.

3. 동료의 눈을 빌려라

혼자보다 다정한 동료에게서 배우는 공감이 큰 힘을 발휘한다. 동료의 눈을 빌려 보는 순간 브랜드를 바라보는 관점이 넓어진다.

03

마케터란
포장을 잘해야지

　마케터가 된 지 얼마 되지 않았을 때의 일이다. 2022 배민 신춘문예 캠페인을 마무리하며 사무실에서 팀원들과 당선자 선물을 열심히 포장하고 있었다. 배민 신춘문예는 '풋! 하고 아~ 하는 음식에 관한 짧은 시'를 응모하는 행사로, 많은 사람에게 큰 사랑을 받은 배민의 대표적인 캠페인이다.

　2022년 신춘문예에는 무려 55만 편의 시가 접수가 될 정도로 반응이 뜨거웠고 나 역시 성공적으로 캠페인을 마무리한 뒤 기쁜 마음으로 당첨자 선물을 정.성.껏. 포장하고 있었다. 그때, 배민에서 나를 채용해준 첫 사수이자 팀장님이 지나가며 웃으며 말했다.

　"아름도 진정한 마케터가 되고 있군! 자고로 마케터란 포장을 잘해야지"

그 말 때문인지 몰라도 처음 브랜딩이란 걸 맡았을 때, 나는 그것이 선물 포장과 많이 닮아 있다고 생각했다. 우리의 진심 어린 메시지를 사람들이 잘 알아볼 수 있게 예쁜 포장지에 담아 전달하는 과정이 비슷하지 않은가. 그런데 앞서 말했듯 나는 다소 건조한 인간이다. 그래서인지 포장을 잘 못한다. 받는 이의 마음을 헤아리지 않고 '어차피 뜯고 나면 쓰레기잖아!'라고 생각하는 편이다. 그래서 브랜딩도 잘 못하는 걸까? 흠.

최근 동료가 담당한 캠페인의 포장을 보며 감탄한 일이 있다. 매주 배민앱에서 10대를 위한 럭키 드로우 이벤트를 진행 중인데, 당첨된 한 명에게는 치킨 100마리에 해당하는 배민상품권을 증정한다. 얼핏 보면 다른 브랜드에서도 흔히 하는 럭키 드로우 이벤트 같지만 당첨자에게 쿠폰을 주는 방식이 압권이었다.

실제 지류 상품권 100장이 담긴 상자였다. 상자를 열면 쿠폰이 마치 화산이 폭발하듯 뿜어져 나오는데, 그 모습이 보는 이의 혼을 쏙 빼놓는다. 동시에 100장의 두툼한 쿠폰이 주는 물리적인 양감은 '인생에 다시 없을 행운'을 손에 쥔 듯한 벅찬 경험을 선사한다.

동료가 테스트 차원에서 이 모습을 보여줬을 때 비처럼 쏟아져 내리는 쿠폰을 보며 깨달았다. 내가 전하고 싶은 진심도 물론 중요하지만 그 진심에 어떤 옷을 입혀 전달하느냐 역시 똑같이 중요하다는 사실을 한 번 더 생각하게 되었다. 어떤 포장지에 싸여 있는

가에 따라 사용자가 느끼는 경험은 달라지고 때로는 소비자에게 그것이 평생 잊지 못할 경험으로 남을 수도 있다.

✦ 콘텐츠의 축복은 끝이 없네

대학 시절부터 영상을 만들어 온 내게 콘텐츠도 넓은 의미에서의 포장이다. "전달하고 싶은 메시지를 어떻게 예쁘게 포장하면 좋을까?" 하는 고민이 콘텐츠 기획의 시작이다. 메시지에 따라 영상이 먹힐 수도 있고 길거리에 걸려 있는 현수막 한 줄이 가장 강력한 수단이 될 때도 있다.

잘하는 마케터에게서는 끊임없이 콘텐츠가 쏟아져 나온다. 전달하려는 메시지에 딱 맞는 포맷을 본능적으로 골라내는 듯한 느낌이다. 작년 3월, 배민 사용 이력이 없는 사람들을 유입시키기 위해 할인 쿠폰을 제공하는 이벤트를 진행한 적이 있다.

배민앱에서는 신규 회원 쿠폰을 상시 발급했지만, 신학기 3월에는 갓 대학생이 된 친구들을 특별히 타깃으로 삼았다. 예산이 넉넉하지 않았기에 20대 초반에게 제일 익숙한 SNS 채널이나 디지털 매체에 활용하기 좋은 영상 광고를 떠올렸다. 그런데 그때 팀장님이 마치 선봉에 선 장군처럼 외쳤다. "우리 대학교에 현수막을 겁시다!" 처음엔 의구심이 들었다. 현수막 너무 올드하지 않아? 혹시 대학가에 넘쳐나는 상업 광고 중 하나로 묻혀버리면 어떡하지? 하는 걱정이 앞섰다.

그러나 현수막에 넣을 뾰족한 메시지를 개발하는 과정에서 깨달았다. 캠퍼스 곳곳에 걸린 현수막이야말로 대학생들에게 가장 직접적이고 확실하게 닿는 방법이라는 걸. 특히 단순히 쿠폰을 드립니다 식의 문구가 아니라 현수막이 걸린 각 학교의 이름을 넣어 작성한 '맞춤형 메시지'가 학생들에게 특별하게 다가갔다.

> 24학번이 **고대**한 배민 쿠폰 등장!
> 배민 쿠폰으로 먹고 싶었던 건 **단대**단 밤양갱.

이런 센스 있는 문구들은 커뮤니티에서도 화제가 되었고 실제로 현수막에 걸린 QR 코드를 통해 배민을 처음 사용한 친구들이 우리의 예상보다 훨씬 많았다. 이 경험을 통해 나는 확실히 배웠다. 좋은 콘텐츠는 그저 '요즘 뭐가 잘된대?' 하며 트렌디한 포맷만 좇는 것이 아니다. 우리의 메시지를 받아들일 대상을 깊이 고민하고 이해하는 데서 만들어진다.

2024 배민 신입생 환영회 현수막

04

옥수수와
임보에게 배운 브랜딩

　좋은 마케터는 스스로 콘텐츠가 되기도 한다. 그들은 자신의 경험에서 얻은 인사이트를 부지런히 기록하고 아낌없이 공유한다. 혼자만의 경험이 아닌 모두의 경험으로 확장시키기 위해 부지런히 힘쓴다. 단순히 '좋아요'만을 위한 콘텐츠가 아닌 실질적인 도움과 영감을 줄 수 있는 가치 있는 콘텐츠를 만드는 것이다.

　그동안 나는 유명한 인플루언서 마케터들을 부러워하며 컨셉을 잡고 세팅한 개인 인스타그램 계정만 몇 개던가. 중국집에서 술 마시는 걸 좋아하니 이것을 기록하고 맛있는 가게를 추천한다면 나도 협찬받는 인스타그래머가 될 수 있지 않을까? 이런 안일한 생각으로 짬뽕 인스타그램 계정을 만들기도 했다. 하지만 결과는 짬뽕 사진 하나만 업로드하고 비밀번호를 잊어버린 채 끝나버렸다.

무언가를 꾸준히 하고 결과물로 완성하는 걸 어려워하는 나에게 큰 자극을 준 동료가 있다. 그는 아이를 돌보면서도 회사 일을 완벽하게 해냈고 심지어 카피라이팅을 쉽게 풀어낸 책까지 냈다. "명절 연휴마다 조금씩 썼어요."라며 겸손하게 말하는 그를 보며, 부러움과 질투를 넘어 존경심마저 들었다.

무엇보다 그 동료의 콘텐츠엔 실제 경험에서 우러나온 노하우가 담겨 있었다. 사실 지난주에도 이벤트 페이지 속 카피를 쓰면서 그의 책을 펴두고 참고했을 정도다. 그 책은 나의 작은 바이블 같은 존재다. 마냥 부러워하기만 할 수도 있겠지만, 짬뽕 인스타그램 계정처럼 흐지부지 끝나는 게 아니라 정말 누군가에게 도움이 되는 무언가를 만들어보고 싶어졌다. 이런 결심이 쌓여 지금 이 책을 쓰는 데까지 이어진 듯하다.

초보 마케터는 늘 주변의 좋은 마케터들에게서 매일 영감을 받으며 자란다. 같은 팀원 중에는 프로 임보러가 있었다. 그는 유기견 보호소에서 강아지들을 임시 보호하며 인스타그램으로 홍보해 입양을 보냈고, 사진도 어찌나 잘 찍는지 그의 계정에 올라오는 임보 강아지들을 보는 것이 내게 하나의 낙이었다.

그를 보며 나도 용기를 내어 옥수수라는 유기견을 임시 보호한 적이 있다. 옥수수는 보호소 뜬 장에서 몇 달을 지내던 친구라서 보호 초반에는 사람이 근처만 가도 똥을 지리고 겁에 질려 깨갱했다. 몸은 깡마르고 진드기 이슈로 털까지 빡빡 밀려 있어 귀엽다는 생각은 잘 들지 않기도 했다. 다만 더 큰 동정심이 생겼을 뿐이다.

나는 옥수수를 좋은 집에 입양보내 사랑받게 하고 싶다는 마음으로 잘 먹이고 잘 입혔다. 매일 시간을 내어 산책하며 사회성을 기르고 전용 인스타그램 계정까지 만들어 입양 홍보도 했다. 그 일련의 과정을 거치며 문득 이런 생각이 들었다.

'아 이런게 바로 브랜딩 아닐까?'

어떤 브랜딩이 좋은 브랜딩인지 여전히 어렵다. 내가 했던 시도들이 잘된 브랜딩이라고 단정을 짓기 어렵지만 배달의민족이 사람들에게 사랑받는 존재가 될 수 있도록 갈고 닦아 세상에 보낼 일

나의 1호 브랜드 옥수수

들, 그것이 곧 브랜딩이라는 막연하지만 소중한 깨달음을 얻었다.

지금 옥수수는 우리 집에서 임종까지 보호 중이다. 평생 반려 가족이 된 이 친구와 함께한 과정은 나에게 많은 것을 가르쳐주었다. 잘 먹이고 잘 입혀서 세상에 내보내는 경험을 통해 언젠가는 나만의 브랜드도 키워 세상에 내놓고 싶다는 꿈이 생겼다.

✦ 일단 간판부터 팝시다

3년 전쯤 회사에 유행하던 '강점 혁명 테스트'를 통해 나의 강점을 확인했는데 무려 '행동'과 '적응'이 상위에 있었다. 마케터의 일은 시시각각 변하는 상황에 빠르게 대응해야 하다 보니 '행동력'이 중요하다. 또한 다른 사람들에게 부탁할 일도 많고 그 과정에서 거절을 당할 일도 반복되다 보니 '적응력'도 꼭 필요하다. 그런데 내게 이런 강점이 있다니 신은 밥벌이할 만큼의 역량은 누구에게나 주시는 모양이다.

나의 급한 성격이 무기가 된 행동력을 발휘해 옥수수에 이은 브랜드 2호를 준비 중인데 바로 '요가원'이다. 아픈 허리 때문에 시작하게 된 요가를 생각보다 너무 좋아하게 되면서 요가를 사랑하는 사람들이 모여 자신들의 요가적 삶을 나눌 수 있는 공간을 만들고 싶어졌다. 왠지 그곳은 물가에 자리 잡았을 것 같고, 그 안에서 나는 차를 마시며 사람들에게 요가를 가르치고 있는 상상을 했다.

그런 구체적인 상상의 나래를 펼치다 보니 결국 참지 못하고 무엇이든 했다. 그래서 일단 사업자등록부터 했다. 나만의 요가원을 갖는 건 아주 먼 미래의 일이겠지만 일단 간판부터 판 셈이다.

생각 없이 행동하고 나면 그 행동을 책임지기 위한 후속 행동은 반드시 하기 마련이다. 자연스레 수련도 열심히 하게 되었고 다니던 요가원에서 진행하는 TTC(교사 자격 프로그램)를 등록해 요가 강사 자격증까지 땄다. 물론 지금은 수련을 게을리하고 요가에 대한 애정도 예전 같지 않지만 말이다.

🔍 일 잘하는 TIP 🔍

마케터의 일도 비슷하다.

완벽한 기획서를 만들기 위해 씨름을 하다가도, 일단 카메라를 들고 나가서 뭐라도 찍으면 콘텐츠가 된다. 예산이나 여타 현실적인 문제로 늘 프로젝트에 위기가 닥치지만 뭐라도 우리는 한다.

올해 5월 '배민계란프라이데이' 라는 캠페인을 진행했다. '장보기 한계란 없는 날'이란 슬로건 아래 장보기 필수 상품인 계란을 테마로 한 온오프라인 통합 캠페인이었다. 온라인에서의 장보기 상품 할인 프로모션과 더불어 성수동에서 3일간 오프라인 팝업이 진행 예정이었다. 그런데 캠페인이 2주도 안남은 시점에 프로젝트 대장인

동료가 죽상을 하고 앉아있는 것이다. 메인 외부 공간 이벤트의 예산 때문에 최대한 빨리 다른 이벤트로 대체되어야 한다고 했다.

앞에 앉아서 이건 어때? 저건 어때? 아이디어를 던졌다. 순간 번뜩 떠오른건 '방방'이었다. 예전 '1박 2일'에서 문세윤과 딘딘 두 사람이 트램폴린을 타는 모습에 배가 찢어지게 웃었던 기억이 났다. "엄청 큰 트램폴린에서 사람들이 계란을 잡으러 뛰어다니는거지. 아 그냥 사람들이 좋아할 것 같아. 팀장님한테 가서 말이라도 해봐!"

이렇게 러프한 생각의 씨앗에서 팀원들의 멋진 기획이라는 양분이 더해져 '계란을 지켜라!'라는 메인 이벤트를 사람들에게 선보일 수 있었다. 나는 모두가 이 게임을 매우 좋아했다고 자신있게 말할 수 있다.

경험할 사람이 좋아할 거라 믿고 일단 해보는 것. 물론 준비를 더 촘촘히 했어야 한다고 후회 할 때도 많다. 기획-실행-결과 정리까지 모두 잘하는 육각형의 마케터도 있을 거다. 하지만 내 주위에 기획만 하고 실행하지 않는 마케터는 없다. 실행은 마케터의 힘이다.

✦ 질투는 나의 힘

나는 매일 주변 마케터들의 번뜩이는 아이디어와 센스, 그리고 실천력을 보며 끊임없이 질투한다. '어떻게 저런 생각을 할 수 있지? 나는 언제쯤 저렇게 될 수 있을까?' 하고. 때로는 이런 질투가 나를 위축시킨다. '나는 정말 이 일에 맞지 않는 사람 아닐까?'라는 생각에 사로잡힐 때도 있다.

하지만 곰곰이 생각해보면, 이렇게 질투를 느낀다는 건 여전히 내가 이 일을 잘하고 싶어 하고, 일에 애정이 있다는 뜻이다. 정말로 욕심이 없다면, 동료들의 뛰어난 성과를 보고도 무덤덤했을 것이다. 결국 질투는 곧 관심이고, 관심은 곧 성장의 동력이다.

그래서 나는 이제 더 이상 질투를 부끄러워하지 않는다. 대신 그 감정을 원동력으로 삼아 더 열심히 관찰하고, 더 많이 질문하고, 더 적극적으로 배우기로 했다. 훌륭한 동료들의 사고 과정을 따라가 보고, 그들이 어떤 지점에서 번뜩이는 아이디어를 떠올리는지를 지켜본다. 때로는 뻔뻔하게 "어떻게 그런 생각을 하게 되었어요?"라고 묻기도 한다.

마케터의 적성이 타고나는 것인지, 후천적으로 단련되는 것인지는 아직 모르겠다. 하지만 확실한 건 이 질투가 나를 더 나은 마케터로 만들어가고 있다는 것이다. 어쩌면 질투야말로 마케터에게 필요한 가장 솔직하고 원초적인 감정일지도 모른다. 다른 브랜드가 부럽고, 다른 마케터가 부럽고, 그래서 '우리도 더 잘 하고 싶다'는 마음. 그 자체가 마케터의 성장동력 아닐까.

오늘도 나는 누군가를 질투하며 하루를 마감한다. 그리고 내일도 그 질투를 연료 삼아 조금 더 나은 마케터가 되기 위해 노력할 것이다. 질투는 곧 마케터의 힘이니까.

부서/직무 소개

오아름
브랜딩실 캠페인플래닝팀
#커뮤니케이션 #브랜딩 #마케팅

저는 배달의민족을 사람들이 좋아하게 하는 모든 일을 합니다. 10대를 타깃으로 한 SNS 콘텐츠를 만들기도 하고, 쿠폰을 어떻게 주면 사람들이 좋아할지 고민하며 이벤트를 기획하기도 하고, 오프라인 팝업을 열기도 해요. 일하고 있는 브랜딩실은 고객과 우리 서비스를 연결하는 일을 합니다. 고객에게 우리의 가치와 메시지를 전달하죠. 어떤 방법이 우리가 전하려 하는 의미를 가장 효과적으로 전달할 수 있을까를 늘 고민합니다.

또한 고객을 만나는 모든 순간을 더 좋게 만들기 위해 노력하고 있어요. 디테일하게 배너를 개편하기도 하고, 앱스토어 소개 문구를 작성하기도 합니다. 큰 메시지를 가지고 많은 사람들을 만나는 치믈리에, 신춘문예, 장보기 오픈런, 계란프라이데이와 같은 브랜드 캠페인을 기획하고 실행하기도 합니다.

매일매일 성장하는 우리 브랜드를 지켜보며, 저 역시 성장하는 마케터가 되고 싶어요. 언제가는 잘~ 낳아 잘~ 키운 제 브랜드를 세상에 내놓을 꿈도 꾸고 있습니다. 아직은 많이 부족하지만, 언젠가는 잘 하겠죠.

Part 7.

서비스의
뼈대를 만드는 일

박경철 (백엔드 엔지니어, 푸드전시콘텐츠개발팀)

01

코드 뒤의
백엔드 개발자

개발자에 대해 잘 알고 있는가?

세상에는 정말 다양한 개발자들이 존재한다. 응용 소프트웨어 개발자, 하드웨어 개발자, 임베디드 개발자 등등 셀 수 없을 정도로 범주는 방대하다. 코로나19 시기 IT 산업이 성장하면서 개발자라는 직업의 인기가 하늘을 찔렀다. 특히 그중에서도 가장 주목받은 분야는 응용 소프트웨어 개발 영역이었다. 다수의 회사들이 공고를 내고, 이들을 양성하기 위한 교육 과정도 우후죽순으로 개설되었다. 응용 소프트웨어 개발자는 다시 여러 갈래로 나뉜다.

- 안드로이드나 iOS 앱의 화면과 동작을 구현하는 **모바일 개발자**
- 웹 화면과 동작을 구현하는 **웹 프론트 개발자**
- 화면을 구성하는 데이터를 관리하고 전달하는 **백엔드 개발자**

나는 이 중 백엔드 개발자로서 우아한형제들에서 5년 이상 근무하고 있다. 개발자에게 기술은 기본적으로 중요하지만, 어떤 문제를 기술로 해결하려면 그 문제 영역에 대한 이해가 필요하다. 업계에서는 이를 '도메인'이라고 부르며 도메인 지식이라 칭한다. 도메인 지식은 업무를 하면서 쌓을 수도 있는데 나 역시 지금껏 프론트 서버, 리뷰, 알림 센터, 주소, 이벤트, 전시 플랫폼 등 다양한 도메인을 거치며 여러 경험을 축적할 수 있었다.

백엔드 개발자는 보통 사업 및 마케팅 조직에서 활동하는 프로덕트 기획자PM/PO와 주로 협업한다. 기획자가 가져온 요구사항을 어떻게 기술로 어떻게 구현할 수 있을지 고민하고, 일정을 산정하고, 실제 구현을 담당한다. 그럼 단계별로 차근차근 살펴보자.

🔍 일 잘하는 TIP 🔍

제품은 백엔드 개발자 혼자만으로 완성되지 않는다. 백엔드 개발자가 정제한 데이터를 받아 사용자 화면에 구현하는 모바일 또는 웹 프론트 개발자의 협업이 반드시 필수적이다.

✦ STEP.1. API 명세를 만들고 화면 개발 시작하기

　보통 모바일 또는 웹 프론트 개발자가 실제 서버 로직이 구현되지 않아도 작업을 시작할 수 있다. 이때 서버 개발자가 API 명세서를 먼저 작성해 전달한다. 그리고 프론트엔드 개발자는 이 명세서를 기반으로 화면을 개발한 뒤, 서버 로직이 완료되면 실제 API와 연동해 정상적으로 동작하는지 검증한다.

✦ STEP.2. 예외 케이스와 변경 사항 조율하기

만약 예외 케이스를 발견되거나 API 응답 명세가 변경되는 경우, 추가 논의를 통해 조율한다. 이와 같은 케이스에 대한 정책(서비스 규칙) 정리가 필요하다면 기획자와 함께 이야기를 나누어 최종 결정을 내린다.

✦ STEP.3. QA 준비: 테스트 케이스(TC) 작성하기

서버와 화면 개발이 끝나면, 기획 요구사항에 따라 정확히 구현되었는지 검증이 필요하다. 바로 QA에 들어간다. QA 담당자는 기획자가 작성한 정책을 기준으로 테스트 케이스(Test Case, TC)를 작성한다. 이후 작성된 TC가 제대로 되었는지 검수 및 공유하기 위해 프로젝트 참여자와 함께 TC 리뷰 과정을 진행한다. 이 과정을 거쳐 빠진 케이스가 없는지 확인하며, 필요할 경우 테스트 방법 자체를 논의하기도 한다.

✦ STEP.4. 본격적인 QA 테스트

TC 리뷰가 끝나면 이제 본격적인 테스트가 시작된다. 만약 제대로 구현했다면 버그가 거의 없을 것이고, 구현이 미흡했다면 QA 기간에 다수의 버그가 발견되어 이를 수정하는 과정에서 상당한 부담이 발생한다. 결국 QA 단계는 개발자가 얼마나 꼼꼼하고 완성도 있게 작업했는지를 드러내는 과정이기도 하다.

✦ STEP.5. 오픈(배포) 준비

QA가 끝나면 이제 실제 운영중인 서비스에 기능을 반영한다. 안정적인 오픈을 위해 오픈 시나리오를 작성하고 문제가 생겼을 때를 대비해 롤백 시나리오도 마련한다.

- 오픈 시나리오: 어떤 순서로 배포할지, 확인 절차는 무엇인지를 정의한다.
- 롤백 시나리오: 배포된 변경 사항을 제거하고 시스템을 이전 상태로 복원한다.

이렇게 오픈 시나리오대로 운영 환경에 반영한 후, 환경에서 기능이 정상적으로 동작하는지 모니터링한다. 이 과정에서 버그가 발생한다면 원인을 파악하고 긴급 수정(핫픽스) 절차를 거쳐 빠르게 해결한다.

이게 바로 제품 개발 과정에서 백엔드 개발자의 역할이다. 신규 기능 개발 외에도 시스템 버그, 성능 개선, 코드 리팩토링도 담당한다. 작은 단위의 개선이라면 직접 개발자 테스트 후 운영에 반영하기도 하고 범위가 크거나 핵심 기능과 관련된 작업이라면 다시 QA 과정을 거쳐 반영하기도 한다.

02

가방 없인
외출을 못하는 이유

배달의민족은 24시간 운영되는 서비스다. 이 말은 곧 코드 버그든, 서버 하드웨어 이슈든 언제든 시스템 이슈가 발생할 수 있다는 의미이기도 하다.

이런 상황에 대비해서 각종 시스템 알림을 설정해두고 알림이 울리면 즉시 확인한다. 일시적인 알림인지 판단한 뒤 영향도에 따라 대응이 달라진다. 영향도가 크지 않는 경우 즉시 해결하지 않고 추후 개선 과제로 시간을 두고 해결하기도 하지만 사용자에게 지대하게 영향을 끼치는 경우에는 긴급 패치(핫픽스)로 신속히 대응한다.

예상된 시스템 용량보다도 트래픽이 급증하는 경우도 즉각 대응이 필요할 수 있다. 요청량, CPU 사용량 같은 지표는 트래픽 변화에 즉각 반응하기 때문에 항상 민감하게 모니터링하고, 필요한 경우 알림 트리거를 걸어둔다. 특히 장애로 이어질 수 있는 핵심 지표에는 온콜 On-call 알림을 설정해 놓는다.

온콜이란 시스템의 안정성과 서비스 가용성을 보장하기 위해 업무 시간 외에도 엔지니어가 긴급 상황(장애, 성능 저하 등)에 대응하도록 대기하고 책임지는 제도를 말한다. 쉽게 말해 해당 일자에 가장 먼저 시스템 이슈를 확인하고 조치해야 하는 당번인 셈이다. 이렇게 온콜 담당자를 지정해 두면 민감한 알림이 발생했을 때 즉시 대응할 수 있다.

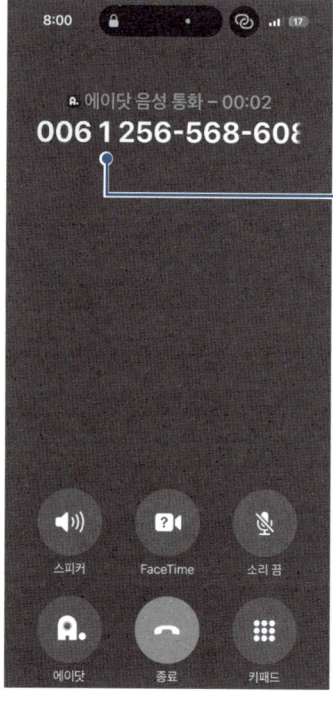

이렇게 시스템에 문제가 생긴 경우 사용하고 있는 온콜 시스템에 의해 전화로 이상을 알린다

온콜은 시스템에서 실제로 전화가 걸려온다. 우리가 사용하는 온콜 서비스의 경우 미국이나 캐나다에서 전화가 온다. 예전에는 해외 전화가 대부분 피싱 전화라고 생각해 바로 끊곤 했는데, 백엔드 시스템 운영을 맡은 이후로는 달라졌다. 국가번호 1로 시작하는 해외 전화는 꼭 받게 된 것이다.

이렇게 온콜까지 걸리면서 알림을 받는 데에는 또 다른 이유가 있다. 바로 배달의민족 앱이 2천만 명에 달하는 회원을 보유하고 있기 때문이다. 이 수많은 회원들이 만들어내는 '밥'이라는 민감한 트래픽을 안정적으로 처리해야 하기 때문에 기능을 하나 개발할 때에도 다른 기능에 영향을 미치지 않는지 철저히 검토한다. 또한 서비스에 반영하기 전 발생할 수 있는 문제를 꼼꼼하게 테스트한 뒤 운영 환경에 반영한다.

03

이벤트 뒤에 있는 손길

앞서 말한 고충도 있지만 백엔드 개발자로 일하면서 느낀 보람도 크다. 나는 애플리케이션 전반에 영향을 주는 업무를 주로 맡아왔기 때문에 제품을 성공적으로 오픈했을 때 큰 성취감을 느꼈다. 그중에서도 기억에 남는 사례가 바로 '배민로그' 이벤트를 오픈했던 경험이다. 2022년 5월에 진행된 이 이벤트는 지금까지 이용한 일수, 첫 주문 메뉴, 가장 많이 주문한 카테고리, 선호하는 주문 시간대 등 회원의 이용 데이터를 기반으로 한 이벤트였다.

당시 비슷한 조건의 이벤트를 추가 개발 없이 어드민 설정만으로 생성할 수 있는 프로모션 플랫폼을 막 오픈한 직후였다. 이 프로모션 플랫폼의 첫 오픈 스펙은 'VIP 라운지'였고, 바로 그다음 과제로 선정된 두 번째 이벤트가 바로 배민로그였다. 그런데 문제

는 배민로그 이벤트 화면을 구현하기 위해 필요한 데이터가 프로모션 플랫폼에서 지원하지 않는 새로 추가된 스펙이었다. 이를 대응하는 것이 중요한 과제가 되었다. 게다가 특정 조건에 따라 다른 메시지를 노출해야 했기 때문에 기능 자체가 크고 복잡했으며, 게다가 오픈 일정까지 매우 촉박했다.

 동시에 다른 유사 기능의 이벤트에서도 재활용할 수 있도록 확장성을 고려해야 하는 상황이었다. 결국 약 2주라는 짧은 기간 안에 API 로직 구현, 어드민 설정 기능 추가, 배치 잡 구현까지 모두 완료해야 했다.

    이를 구현하기 위해 먼저 전반적인 큰 그림을 같이 작업하는 개발자와 함께 논의해 방향성을 맞춘 뒤, 각자 작업을 나누어 과제를 진행했다. 나는 주로 어드민 영역 개발을 맡았는데 특히 조건에 따라 다른 메세지를 보여주는 기능이 핵심이었다. 다양한 조건을 설정할 수 있어야 했고 어떤 값을 기준으로 조건을 판별할지도 지정할 수 있어야 했다.

    기본적인 프론트 화면 구성은 가능했지만 조건을 한 뎁스 더 들어가 걸어야 했기에 구현 난도가 상당히 높았다. 같은 뎁스에서 다른 값을 수정하면 엉뚱한 입력창 값이 바뀌거나 입력한 값이 서버로 제대로 전달되지 않는 등 여러 문제가 발생했다. 하지만 이런 시행착오를 하나씩 해결하며 개발을 이어갔다.

    그 결과 오픈일까지 개발 기간을 맞출 수 있었고 QA를 거쳐 최종적으로 배민로그 이벤트를 성공적으로 오픈할 수 있었다. 무엇보다 제때 오픈하는 것이 중요했다. 비록 설정 편의성은 아쉬움이 남았지만 기한을 지킨 것이 가장 큰 성과였다.

    배민로그 이벤트는 마케팅 차원에서도 큰 성과를 냈다. '내가 얼마나 배민을 통해 주문을 하고 사용했는지?'라는 콘셉트가 바이럴을 일으켜 목표치 이상으로 많은 회원이 참여한 것이다. 이탈했던 유저도 배민과의 추억을 통해 다시 돌아오는 효과가 있었고, 또한 기존 고객 입장에서도 "재미있는 경험이었다"는 긍정적인 반응이 많았다.

시스템 입장에서도 의미가 컸다. 기존 이벤트를 안정적으로 운영하면서 새로운 기능을 성공적으로 오픈했고 동시에 프로모션 플랫폼의 안정화까지 이뤄낼 수 있었다.

두 가지 과제를 병행한 과정에서 제품 성과와 기술적 성취를 함께 얻을 수 있다. 그 경험은 지금까지도 특별하게 회상된다.

04

서비스 구현하기

　제품을 만드는 핵심 구성원으로서 서비스를 처음부터 만들어 가는 경험 또한 백엔드 개발자가 가질 수 있는 가치 중에 하나이다. 지금은 종료된 서비스이지만 '배민우리동네' 서비스를 만들었던 경험을 소개해보고자 한다.

　입사 3년 차였을 때 회사에서는 하이퍼로컬 서비스를 준비하며 여러 실험을 진행했다. 하이퍼로컬 서비스란 '아주 좁은 지역 단위'를 중심으로 정보, 서비스, 콘텐츠, 비즈니스 활동 등이 이뤄지는 것을 의미한다. 회사가 구상한 서비스는 소위 슬세권, '슬리퍼 차림처럼 편한 복장으로도 카페, 편의점, 도서관, 쇼핑몰 같은 편의시설을 이용할 수 있는 주거 권역'을 기반으로 필요한 서비스를 런칭하는 것이 목표였다.

나는 '배민우리동네' 서비스를 만드는 팀의 일원이 되어 서버 관점에서 기능 구현 가능성에 대한 의견을 제시하고, 실제 서버 개발을 담당했다. 당시 가장 중요한 요구사항 중 하나가 특정 좌표를 중심으로 여러 장소를 보여주는 기능이었다. 배민에서 주로 MySQL을 데이터베이스로 사용했는데 MySQL은 sparse index 기능으로 좌표 기반 조회를 지원하긴 하지만 다른 조건을 함께 적용해 조회하는 데에는 한계가 있었다. 향후에는 방향성 중에 카테고리, 키워드 등 다양한 필터링 조건을 지원해야 했기 때문에 다른 대체 저장소를 고민할 수밖에 없었다.

그래서 MongoDB, ElasticSearch 등 다양한 기술을 검토했다. 좌표 기반 데이터 검색은 필수적이었고, MySQL에서 충족하지 못했던 조건을 추가로 반영해 다양한 조회가 가능해야 했다. 또한 비즈니스 개발만 해도 빠듯한 일정이기 때문에 풀매니지드(full-managed) 서비스를 우선적으로 고려했다. 이런 조건과 주 환경으로 사용해온 AWS를 감안했을 때 Amazon OpenSearch Service를 선택했다. 이 서비스는 ElasticSearch 7.17 버전을 기반으로 하고 있고, 이미 음식 배달 서비스에서도 좌표 조회 기능에 이 버전을 사용하고 있었기 때문에 참고할 만한 레퍼런스가 있다는 점도 결정에 큰 도움이 되었다.

이렇게 전반적인 아키텍처를 설정하고 기능을 구현해, 2023년

8월 1일 드디어 세상에 '배민우리동네'를 선보일 수 있었다.

오픈 당시 배민우리동네의 모습

처음부터 구조를 고민하고 낯선 기술을 빠르게 익혀 실제 프로덕트를 성공적으로 오픈할 수 있었다.

운영 과정에서 발견한 이슈를 해결하는 과정에서도 값진 경험을 얻을 수 있었다. 일례로 지도 뷰에서 특정 카테고리를 조회할 때만 로딩이 오래 걸리는 이슈가 있다. 다른 카테고리는 정상 속도로 조회가 되었기에 분명 버그가 있을 것이라 판단했다. 나는 핵심 원인을 찾기 위해 여러 가설을 세우고 검증해 나갔다.

먼저, 랜덤 로직에 부하가 있을 거라 판난했다. 랜덤 로직을 변경했으나 따로 레이턴시(지연 시간)가 개선되지는 않았다. 두 번째 가설은 OpenSearch의 데이터 타입이 적절하지 않다는 것이다. 조회 조건으로 주고 있던 카테고리 필드가 keyword가 아닌 text 타입으로 설정되어 있어 이 때문에 match 쿼리의 레이턴시가 늘어났을 것이라 생각했다.

이를 keyword 타입으로 바꾼 후 OpenSearch에 데이터를 다시 올려 테스트했으나 역시 차이가 없었다. 결국 처음부터 코드를 확인한 끝에 마지막 가설을 세울 수 있었다. 이번에 기능을 추가할 때 카테고리 체크를 하는 부분이 있었는데 다건 조회 한 번이면 충분함에도 불구하고 매 가게마다 조회가 이뤄지고 있다는 사실을 발견했다. 이를 수정한 결과 최대 2초가 걸리던 응답 시간이 400ms 수준으로 개선되었다. 빠른 개발 사이클 속에서 나타난

성능 저하였지만, 원인을 정확히 파악하고 체감될 만큼의 성능 개선을 이끌어낼 수 있었다.

일 잘하는 TIP

1. 가설을 세우고 단계적으로 검증하라

단계별로 가설을 세우고 검증하는 과정이 문제 해결력을 키운다.

2. 기술은 상황과 조건에 맞게 선택하라

일정, 운영 환경(AWS), 관리 편의성(풀매니지드) 등을 고려해 Amazon OpenSearch를 택한 것처럼 현실적 제약 속에서 최적의 대안을 찾는 게 중요하다.

3. 빠른 개발 속도 속에서도 성능을 챙겨라

단순히 동작하는 코드가 아니라, 사용자 체감 성능을 개선하는 것이 진짜 완성이다.

05

시스템을 세우는
사람의 자질

    지금까지 내가 경험한 백엔드 개발자의 고충과 보람에 대해 이야기했다. 이 직무에 관심이 조금 생겼는가? 지금부터는 일을 하면서 느낀 백엔드 개발자라면 꼭 갖추어야 할 덕목들에 대해 이야기하려고 한다. 아, 물론 코드를 잘 짜는 능력과 시스템을 다루는 역량은 뛰어날수록 좋다. 하지만 이제는 기술적 요소를 넘어서 마인드와 태도에 관한 이야기를 하려 한다.

✦ 문제를 파고드는 집요함

    백엔드 개발자에게 가장 중요한 자질 중 하나는 문제를 파고드는 집요함과 끈기다. 서버에서 발생하는 문제는 눈에 잘 보이지 않고, 때로는 로그 하나로 실마리를 찾아야 하는 경우가 많다는 것이다. 작은 단서를 가지고 몇 시간을 파고들어야 할 때도 있지만 이런 상황에서 쉽게 포기하지 않고 끝까지 물고 늘어지는 태도가 결국 시스템 안정성을 지켜내는 힘이 된다.

✦ 꾸준한 학습 태도

또 하나 중요한 자질은 꾸준히 학습하는 자세다. 백엔드 개발에 사용되는 기술은 정말 광범위하다. 팀마다 회사마다 사용하는 기술 스택이 다르고 요구사항과 도메인에 따라 필요한 지식도 제각각이다. 어떤 회사는 대용량 트래픽 처리가 핵심이고 다른 회사는 보안이나 결제 시스템의 정합성이 더 중요할 수 있다. 즉, 특정 기술 하나만 잘한다고 해서 끝나는 게 아니라 계속해서 새로운 걸 배우고 익히려는 태도가 필수적이다.

✦ 협업과 팀워크

그리고 절대 빠뜨릴 수 없는 것이 바로 팀워크다. 백엔드는 혼자만 잘해서 되는 일이 아니다. 프론트엔드, 기획자, 디자이너, 인프라 엔지니어 등 여러 역할의 사람들과 함께 시스템을 만들어가야 한다. 따라서 내 코드만 잘 짜는 것이 아니라 원활하게 소통하고 협력하는 능력도 정말 중요하다. 팀과 함께 일하는 방식 자체가 개발의 일부라고 생각한다. 이런 자세를 갖춘 자라면 누구나 함께 일하고 싶어 할 것이다. 서비스를 오픈하고 실제 유저들의 트래픽이 들어올 때의 긴장감은 이루 말할 수 없다. 안정적으로 운영되기까지는 수많은 고민과 시행착오, 그리고 로그와의 씨름하는 시간이 필요하다.

🔍 일 잘하는 TIP 🔎

백엔드 개발은 겉으로 화려하지 않지만 시스템의 뼈대를 세우고 유지해 나가는 든든한 일이다. 보이지 않는 곳에서 문제를 끈기 있게 풀어내고 책임감을 다하는 태도가 결국 개발자를 성장시키는 힘이 된다.

부서/직무 소개

박경철

푸드전시콘텐츠개발팀
#서버 #프로덕트개발 #안정적인서비스운영

저는 푸드전시콘텐츠개발팀에서 백엔드(서버) 개발을 담당하고 있습니다. 주로 음식 주문에 필요한 가게나 메뉴를 노출하기 위한 데이터를 관리하고 있어요. 배민에서 일한지 5년이 넘어가는데요. 처음 배민에서 일할때는 홈 첫 화면을 시작으로 리뷰, 알림센터, 주소, 이벤트 등 다양한 시스템들을 개발·운영했어요. 푸드전시콘텐츠개발팀에 오기 직전에는 배달의민족의 새로운 서비스인 배민우리동네 서비스를 개발·운영했습니다.

백엔드 개발자는 안정적으로 서비스를 제공하면서 새로운 비즈니스 요구사항에 유연하게 대응할 수 있도록 확장성 있게 서비스를 발전시켜야 해요. 이를 위해 API 설계, 데이터베이스 모델링, 인프라 구성, 트래픽 처리, 보안 등을 전반적으로 다루며 서비스의 기술적 기반을 책임집니다. 또한 프론트, 기획, QA 등 다양한 이해관계자들과 협업하며 기술적 요구사항을 명확히 하고 비즈니스 목표를 기술로 실현해 나갑니다.

이렇게 서비스를 만드는 핵심 구성원으로서 프로덕트를 발전시키는 재미를 느끼고 그 안에서 안정적인 서비스 운영 방법을 고민합니다. 그 과정에서 복잡한 요구사항을 해결하고 기술적인 이슈를 다루며 한층 더 성장해가고 있습니다.

Part 8.

완벽하지 않아도 달리는 법

박지영 (프로덕트 디자이너, 파트너프로덕트디자인팀)

01

12년 차
프로덕트 디자이너의 하루

"지영님, 시안은 언제쯤 공유해주실 수 있나요?"

아뿔싸! 캘린더를 열어보니 오늘 오전까지 전달하기로 한 작업이다. 12년 차 디자이너가 되어도 여전히 실수는 내 일상이다.

나는 배달의민족 파트너프로덕트디자인팀에서 사장님과 여러 이해관계자들이 이용하는 서비스들의 인터페이스와 사용자 여정을 설계하는 업무를 맡고 있다. 주로 다양한 유관 부서의 비즈니스 목표와 사용자 경험 사이의 균형을 맞추어 화면을 디자인하는 것이 내 역할이다. 얼마전까지 팀에서 파트의 결과물과 파트원을 관리하는 역할도 수행했다. 얼마 전만 해도 5년 차였던 것 같은데, 눈 깜짝할 사이 어느덧 시니어가 되어 내 업무 처리는 물론이고 후배 디자이너들을 챙겨야 하는 위치에 서게 되었다.

내가 하고 있는 일을 늘어놓자면 능숙한 시니어 디자이너처럼 느껴질 수 있겠다. 하지만 며칠 전만 해도 미팅 날짜를 2주 뒤로 잘못 예약해 회의실을 사용하지 못할 뻔했다.

12년 차인 올해도 프로젝트 마감 일정에 쫓겨 새벽까지 야근하고, 회의 중 불현듯 다른 과제의 아이디어에 몰두하다 꿀 먹은 벙어리가 되고, 방금 논의한 내용도 기억하지 못해 요구사항을 놓치는 등… 부끄러운 일화는 차고 넘친다.

이런 크고 작은 시행착오가 반복되면서 자책도 많이 하고, 스스로의 능력을 의심하기도 했다. 10년이면 강산도 변한다는데, 12년 차인 지금도 나는 내가 바라는 모습으로 변해 있지 않았다.

02

사장님이 사용자일 때 벌어지는 일

　내가 하는 일에 대해 조금 더 이야기하고자 한다. 배달의민족에는 디자인과 관련된 여러 팀이 있다. 머릿속에 떠오르는 이미지를 만들어 나가는 부서와 고객들이 사용하는 배달앱을 담당하는 부서는 쉽게 떠올릴 수 있을 것이다. 그리고 우리 팀처럼 사장님이나 다양한 유관 부서가 사용하는 서비스를 담당하는 부서도 있다. 고객 앱처럼 모두가 보는 서비스는 아니지만 배민 생태계가 원활히 돌아가기 위해서 꼭 필요한 서비스들이다.

　우리의 '사용자'인 사장님은 고객과 다르다. 주문이 단 한 건이라도 있다면 불편하고 어렵더라도 배민의 서비스를 이용할 수밖에 없다. 그래서 단순히 수치상의 데이터만으로는 문제를 파악하기 어려운 경우가 많다. 또 사장님의 업무 환경이 일반적인 상황과 다른 경우가 많기 때문에 서비스가 실제로 어떻게 사용되고 어떤 어려움이 있는지를 직접 확인하고 이해하는 게 중요하다. 책상 앞에 앉아서 상상하는 것과는 전혀 다를 수 있기 때문이다.

업무 특성상 복잡한 정책이나 기능이 동반되는 경우가 많다. 그래서 비즈니스 요구사항을 이해하고 그것이 사장님의 서비스 경험을 해치지 않도록 어려운 단어는 쉽게 복잡한 기능은 간소화하여 최적의 경험을 설계하는 도전을 마주하고 있다.

나는 이런 복잡한 내용을 파헤쳐 핵심을 꺼내고 간단한 인터페이스와 문구로 풀어내는 데 큰 재미를 느낀다. 그래서 일반 소비자가 아닌 사업자와 전문 사용자를 대상으로 하는 서비스에 더욱 매력을 갖게 되었다. 내 노력으로 누군가가 실제 수익을 얻는 모습을 보면서 5년 넘게 이 분야에서 디자인을 이어가고 있다.

혹시 나와 비슷한 성향의 디자이너가 있다면 한 번쯤 도전해볼 만한 재미있는 분야라고 추천한다. 하지만 대상이 대상인만큼 욕도 정말 많이 듣는다. 때로는 회의감이 들고 부끄러운 순간도 있지만 문제를 해결했을 때의 보람은 그 무엇과도 바꿀 수 없다. 사장님의 강한 비판을 가만히 들여다보면 그 안에는 늘 간절한 마음이 숨어 있다. 그렇기에 오늘도 더 큰 책임감을 갖게 된다.

03

성인 ADHD 디자이너의 고백

✦ **슬럼프**

이렇게 나의 직업을 좋아했던 내게도 한계가 왔다.

세상에는 자신의 한계를 극복하고 세상에 이름을 알린 수많은 사람들이 있다. 색맹을 극복한 애니메이터, 냄새를 맡지 못하는 셰프, 들리지 않지만 노래하는 가수, 대본을 읽을 수 없지만 연기하는 배우 등등. 모두 소위 어떤 경지에 오른 이들이다.

내가 그런 한계를 느꼈던 것은 아니다. 다만 돌아보면 우리 주변에도 크고 작은 핸디캡을 짊어지고 각자의 자리에서 최선을 다하는 사람들이 많다. 허리 디스크가 있어도 릴리즈 일정을 맞추는 개발자, 아이를 돌보면서도 수십 명이 함께하는 프로젝트를 관리하는 PM, 낯을 많이 가리지만 많은 사람들 앞에서 발표하는 디자이너 등 거창하지는 않지만 어떻게든 해내는 사람들 말이다. 나도 그런 사람 중 하나다.

세상에 크게 외칠만한 일은 아니지만 오늘도 뭔가를 해냈다. 한계에 부딪혀 좌절했던 여러 순간을 지나 1인분의 가치로 돈을 벌고, 일하는 나로서의 의미를 시험하며, 자아를 실현하기 위해 나름대로 치열한 보낸 시간들이 이렇게 글로 남길 수 있는 자산이 되었으니까.

2022년 초, 직장 생활 중 가장 힘든 시기를 보내고 있었다.

당시 나는 외국인 동료가 많은 기업에서 근무하며 한국어로도 설명하기 복잡한 디자인 의도를 영어로 설명하기 위해 고군분투하고 있었다. 영어가 유창하지 않았기에 말로 부족한 부분은 그림으로 보완하며 소통했고 영어 공부도 멈추지 않았다. 그러나 분명히 전달했다고 생각한 내용이 다른 결과물로 나오거나 스펙에서 제외된 일이 반복되면서 점차 지쳐갔다. 평소라면 감당할 수 있었던 과제도 버거워졌고 천직으로 여겼던 디자인이 더 이상 즐겁지 않게 되었다.

결국 '이대로는 전원이 꺼져버릴 것 같다'는 위기의식을 느꼈고 최선을 다해온 과제도, 다가올 평가도 잠시 내려놓고 산업 역군이 된 이후 처음으로 멈추기로 결정했다. 회사와 동료의 도움을 받아 두 달간 휴직을 할 수 있었다.

그 기간 동안 친구의 추천으로 정신과를 찾았다. 번아웃 증후군과 우울증 초기 증상이라는 진단을 받았으며 상담과 약물치료를 병행하면서 우울 증세는 빠르게 호전되었다. 그렇게 두 달 동안 푹 쉬고, 성실히 치료도 받으며 스스로에게 집중하는 시간을 보냈다.

시간은 빠르게 흘러 복귀하게 되었고 쉴 수 있도록 배려해 준 동료들을 위해 업무 퍼포먼스를 빨리 되찾고 싶었다. 하지만 기대만큼 집중력은 돌아오지 않았다. '컨디션이 돌아온 상태에서도 이 정도밖에 못하다니!'라는 자책도 했다.

그때 의사 선생님의 권유로 성인 ADHD 검사를 받았고 2022년 7월 성인 ADHD 판정을 받았다.

✦ 회사도 잘 다니는 내가 ADHD라고?

ADHD(주의력결핍 과잉행동 장애)는 단순히 '산만함'이 아니라 신경발달장애이다. 뇌에서 주의력과 충동 조절을 담당하는 신경전달물질(도파민, 노르에피네프린 등)이 일반적인 방식으로 작동하지 않아 발생한다.

유튜브 썸네일, 심리 테스트, 서점에서 인기 있는 책 표지에서 'ADHD', '주의력결핍 과잉행동장애', '주의집중력 장애'라는 단어를 본 기억이 있을 것이다. 자극이 넘쳐나고 집중력은 점점 고갈되는 현대 사회에서 누구나 '나도 ADHD 아닐까?'라는 의구심을 가져본 적 있을지도 모른다. 나 역시 이 범주에 속하는 사람이지만

'멀쩡히 일하고 회사도 잘 다니는 내가…?', '내가 좀 산만하긴 한데 그건 성향 아닌가?'라는 생각으로 크게 신경을 쓰지 않았다. 하지만 진단을 받은 뒤로는 이렇게 나를 설명하기 편한 카테고리가 있다는 사실이 놀라웠다.

   내가 업무 중 겪는 대표적인 증상들은 다음과 같다.

   가장 먼저, 한가지에 과하게 집중하거나 아예 집중하지 못하는 경향이 있다. 가장 흔하게는 작업에 몰두하다가 미팅 시간을 자주 놓치는 일이다. 원하는 결과물이 나오지 않으면 시간과 스케줄을 잊고 결과물에 집착한다. 그러다 생각이 너무 깊어져 결과물이 오히려 복잡해지고 시간을 허비한 적도 많다. 그와 정반대로 집중이 안 될 때는 5분도 가만히 있지 못한다. 괜히 핸드폰을 열어 어제 찍은 사진을 보거나, 전단지 종이 모서리를 접거나, 한켠에 띄워놓은 사이트 광고 문구를 분석하는 것처럼 말이다.

   둘째, 충동을 쉽게 조절하지 못하는 경향이다. 프로젝트 A 일정이 급한데도 B에 대한 아이디어가 떠오르면 멈추지 못하고 생각을 발산하게 된다. 당장 필요하지 않은 레퍼런스를 발견해도 멈추지 못하고 더 찾아보곤 한다. 이렇게 샛길로 빠지는 경우가 잦다 보니, 정작 필요한 업무는 밀리고 밀려 밤을 새우거나 일정을 연장해야 할 때가 많았다.

   이런 증상들이 현실에서 발현되면 시간 약속을 못 지키는 수준을 넘어 이중 약속을 잡거나 방 정리 중 갑자기 일기를 쓰거나, 밤을 세워 점토 인형을 만드는 모습으로 나타난다. 스스로 극복할 수 있을지 궁금해하는 사람이 있을 수도 있겠지만, 안타깝게도 증상이 심한 경우 개인의 노력만으로 해결하기는 어렵다고 한다. 뇌 안에서 주의 집중을 조절하는 신경전달물질이 발달하지 않았거나 손상된 증상이기 때문에 세계보건기구 WHO에서도 치료가 필요한 정신과적 장애로 분류하고 있다. 그래서 나도 약물 치료를 통해 집중력과 수행 능력 향상을 돕고 있다.

주변에는 많은 자질을 갖춘 인재들이 넘쳐난다. '저 사람은 논리적으로 생각하고 설득하는 재능이 있구나', '저 사람은 효율적으로 일하고 핵심 파악이 빠르구나', '저 디자이너는 데이터도 보고 코딩도 할 줄 아는구나' 등 다방면으로 빛나는 사람들이 우리 팀에도 가까이 있다. 그들은 멀티태스킹, 추진력, 완성도, 꼼꼼함을 두루 갖춘 것처럼 보인다.

한때는 '나는 왜 저런 인재들처럼 뛰어나지 못할까' 하고 한탄하기도 했지만 ADHD 진단을 받고는 '아! 내가 계속 부딪혔던 한계는 이 질환 때문이었구나!' 하고 생각하니 오히려 속이 시원했다. 자질을 의심하기보다 질환 탓으로 돌리니 마음이 한결 편안해졌다. 내 한계를 인지하고 나니 왜 번아웃에 빠질 수밖에 없었는지도 이해할 수 있었다. 멀티태스킹에 익숙하지 않은 내가 한국어로도 벅찬 일을 영어로 해내야 했던 환경에서 동료들의 성취와 스스로 만든 기대치를 맹목적으로 좇다가 결국 무너진 것이다.

이후에는 하지 못하는 일을 억지로 해내려 하기보다, 잘할 수 있는 일에 노력을 쏟자는 마음으로 이직을 결심했고 지금의 배민으로 오게 되었다.

이곳에서 ADHD와 함께 일하는 방법을 찾기 시작했다. 10년간의 시행착오 끝에 '나를 사용하는 법'을 만들었다.

04

직장인으로서의 나를 지키기

✦ **첫 번째, 자신의 뇌를 믿지 마라**

언제든 다른 것에 빠지기 쉬운 뇌를 대신해 디지털 도구들을 '외부의 뇌'로 활용한다. 최근 AI의 엄청난 발전 덕분에 반복적인 업무에서 발생할 만한 실수를 컨트롤할 수 있다.

해야 할 일이 많은 날에는 업무 시작 전에 to-do 리스트를 시간 단위로 기록해 놓치는 일이 없도록 했다. 정비하는 시간을 가지고 실수가 잦던 회의는 AI 도구로 자동 기록해 액션 아이템을 정리함으로써 회의 전후에 발생하던 놓침을 많이 줄일 수 있기 때문이다.

✦ 두 번째, 물리적 환경을 끊임없이 활용해라

주 3회 재택근무를 하고 있어 책상 배치를 주기적으로 바꾸고, 두 개의 책상을 두어 집중력이 흐트러질 때 자리를 옮겨 앉을 수 있게 세팅했다. 남들의 시선과 분위기가 통제에 효과적인 도구라는 것을 깨달은 뒤 공부하는 사람들이 많은 카페나 공유 오피스를 이용한다.

핸드폰은 집중력을 위협하므로 급한 일이 없다면 근무하는 공간과 멀리 치운다. 집중력이 잘되던 때 들었던 음악은 재생 목록으로 관리해 필요한 시점에 다시 들을 수 있다.

✦ 세 번째, 부족함을 인정하고 도움을 구한다

특히 파트장 역할을 맡았을 때 고민이 많았다. '시니어 디자이너가 이렇게 덜렁거리고 산만해도 되나?' 하는 걱정이 앞섰던 것이다. 하지만 언젠가 드러날 밑천이라면 먼저 밝히는 게 낫다는 생각이 들었다.

그래서 파트원들이 업무 외에도 자신의 상태를 편하게 공유할 수 있는 미팅을 만들었고 그 자리에서 나는 ADHD라는 사실을 밝혔다. 부족한 일정 관리나 디테일 챙기기 부분에 대해서는 도움을 요청했다. 팀원들은 이해해 주었고 기꺼이 팔로업해 주었다.

재미있는 점은 팀원들과의 관계뿐만 아니라 AI를 활용하는 태도와도 닮아 있다는 것이다. '부족함을 인정하는 용기'가 중요하다는 점이다. 처음에는 내가 발견하지 못한 부분을 AI가 짚어줄 때 부끄럽기도 했지만 이제는 더 솔직하게 내 감정과 상황을 털어놓는다. '이 프로젝트에서 사용자 플로우를 복잡하게 설계한 것 같다. 사장님이 내가 설계한 흐름을 이해하실 수 있을까요?', '이 버튼 문구가 직관적일까요? 이렇게 작성해도 사장님이 다음 행동을 쉽게 예상하고, 버튼을 누를 수 있을까요?' 하고 묻다 보면 훨씬 구체적이고 실용적인 도움을 받을 수 있다.

이런 노력들은 제 한계를 이해하고 인정하기 전에는 실행조차 못했던 것들이다. 꼭 질환이나 장애가 아니더라도 우리 모두는 각자의 기질과 성향을 가지고 있다. 이를 구체적으로 들여다보고 정리하는 것은 결국 '나 사용 설명서'를 만드는 것과 같다.

나의 불편함과 어려움을 가장 잘 아는 사람은 바로 나 자신이고, 그것을 개선할 수 있는 사람도 나 자신이다. 특히 끊임없이 성장하고 싶은 사람이라면 자신을 깊이 들여다보고 스스로를 가장 잘 도울 수 있는 방법을 찾아내는 일이 중요하다.

🔍 일 잘하는 TIP

1. **' 나 사용 설명서'를 만들어라**

   자기 이해는 곧 자기 관리의 시작이며 장기적으로는 커리어를 지탱하는 힘이 된다.

2. **외부 도구를 '보조 뇌'로 활용하라**

   to-do 리스트, 자동 회의 기록, 환경 세팅 등은 뇌의 부담을 줄이고 중요한 일에 몰입하게 만든다.

3. **부족함을 공유하고 도움을 요청하라**

   부족함을 인정하는 용기가 협업을 촉진하고 신뢰를 키운다.

05

오늘도
신발끈을 묶으며

✦ 요즘 가장 중요한 자세

내가 ADHD로 남들보다 '구조화'와 '정리'가 부족하고 일정을 세우는 데 어려움을 겪는 것처럼 누구나 남들보다 하기 어려운 것들이 있다. 누군가는 발표 공포증이 있어 PT를 어려워하고 누군가는 완벽주의 성향 때문에 마감을 자주 넘긴다. 또 어떤 사람은 예민한 성향으로 피드백을 쉽게 흘려보내지 못한다. 예전 같았으면 '극복해야 할 것'으로만 보았을 이런 특성들을, 이제는 '함께해야 할 개성'으로 바라보며 다른 장점에 좀 더 집중한다.

나는 산만함과 충동성으로 남보다 쉽게 다른 길로 빠지는 증상을 이용해 더 많은 채널을 리서치하곤 한다. 물론 핵심에서 멀어질 때도 많지만 의외로 새로운 곳에서 인사이트를 발견하기도 한다. 오랜 과몰입 경험에서 쌓은 노하우 덕분에 과집중할 수 있는 환경을 조성하고 진행이 더딘 과제를 한 번에 밀어붙인다.

"저는 체계적이지 못해요.", "논리적 사고가 약해요.", "꼼꼼하지 못해요." 이런 고민을 하고 있다면 나만의 강점을 찾아보자. 분명 남들보다 더 잘하거나 남들보다 좋아하는 무언가가 있다. 마치 내가 체계적이지 못한 대신 유연하고 꼼꼼하지 못한 대신 넓게 보는 시각을 가지고 있는 것처럼 말이다.

이런 성향이 프로젝트에 도움이 된 적이 있다. 최근 사장님이 온라인으로 입점하는 화면을 맡았다. 과제를 처음 시작할 때는 지금처럼 넓은 범위와 많은 유관부서가 함께하는 과제가 아니었다. 처음 시작은 단순한 운영 개선 업무였고 당시 온라인 입점 화면은 우리 팀에서 주요 과제로 삼지 않았던 도메인이었다. 그러다 문득 도메인 히스토리가 궁금해져 사내 위키에 검색했을 때 많은 부서들이 입점 신청 과정을 개선하기 위해 남긴 수많은 자료를 발견했다. 전부 읽느라 시간이 가는 줄도 몰랐다.

그 과정에서 '온라인 입점' 도메인에 대한 목표가 부서마다 조금씩 다르다는 것을 인지했다. 가장 먼저 부서들을 모아 함께 합의된 목표를 그리는 것이 중요하다고 판단했다. 이후 유관 부서를 모아 요구 사항을 확인한 뒤에는 각종 사장님 커뮤니티와 오픈 채팅방을 둘러보았다. 그 결과, 온라인 입점 신청 과정에서는 이탈하는 사장님들이 단순히 사용성 문제 때문에 이탈하는 것이 아니라는 걸 알게 되었다. 혼자 시작하는 것에 대한 두려움, 새로운 시스템에 대한 막막함 등 입점 신청 과정 전후에 문제가 퍼져 있었지만 도움을 받을 수 없는 상황이었던 것이다. 나는 이 점을 유관 부서와 공유하며 입점 경험의 범위를 좀 더 넓게 볼 수 있었다.

무엇보다 다행인 점은 이 과정이 싱글 플레이가 아니라 '팀 플레이'였다는 점이다. 내가 넓게 보며 한 눈을 파는 사이 동료들이 든든하게 서포트했다. 내가 문제를 발견했을 때 체계적으로 정리하도록 도와준 디자인팀 동료들, 함께 동참하고 정책과 이슈를 챙긴 유관 부서 동료들 덕분에 프로젝트를 즐겁게 이어갈 수 있었다.

결국 중요한 건 '잘하고 못한다'가 아니라 '같이 나아갈 수 있는 사람'이 되는 것입니다. 내가 못하는 것을 잘하는 동료가 있는 반면 내가 잘하는 것을 아직 발견하지 못한 동료가 있다는 말이다. '같이' 나아가려면 각자의 언어와 목표를 이해하고 그들이 이해할 수 있는 방식으로 설명하는 능력이 필요하다. 내가 디자이너로 일한 11년 동안 트렌드는 바뀌고 기술은 눈부시게 진화했지만, 여전히 가장 중요한 자세는 바로 이 부분이다.

✦ 성장은 멀리서 봐야 보인다

앞서 내 한계를 극복하려고 고군분투한 이야기를 늘어놓았지만 누구나 돌파구를 찾는다고 보장할 수는 없다. ADHD의 증상과 대처 방법을 친절하게 다룬 책 『어쩌면 ADHD 때문일지도 몰라』에서는 현대인에게 요구하는 자질과 매일 높아지는 기준 때문에 그 기준에 미치지 못하는 사람이 마치 '흠' 있는 사람처럼 여기기 쉽다고 말한다. 그래서 집중력 저하에 주목하게 되고 ADHD 진단을 받는 사람도 많아지고 있다.

ADHD를 가진 나 역시 사회가 바라는 좋은 인재가 되기는 어려울지도 모른다. 노력해도 원하는 만큼 성장하기 어려울 수도 있다. 하지만 성취 지향적이고 속도 중심적인 사회에서 나 같은 사람뿐만 아니라 꼼꼼하지 못한 사람, 논리적이지 못한 사람, 다른 사람과 어울리지 못하는 사람 등 도움을 바라기에는 사소하지만 매일 괴롭히는 고민을 누구나 안고 있는 거처럼 말이다.

그렇다고 자신의 약점을 이유로 스스로를 '일을 잘 못하는 사람'으로 냉정하게 규정해서는 안 된다. 모두에게 맞는 속도와 신발은 존재한다.

일도 마찬가지다. 나는 11년 동안 수많은 실패를 겪었다. 내가 설계한 화면을 테스트하면서 사용자가 우왕좌왕하는 모습을 눈앞에서 지켜보거나, 문제를 잘못 파악한 탓에 자신 있게 추진했던 프로젝트가 핵심 지표 개선에 아무런 기여도 하지 못하고 버려지기도 했다. 하지만 그 실패들 덕분에 여기까지 걸어올 수 있었다. 사용자를 더 깊이 이해하게 되었고 비즈니스적 사고도 기를 수 있었다.

후배 디자이너들에게 꼭 전하고 싶은 건 처음부터 '완벽하게' 만들지 않아도 된다는 점이다. 내가 세운 가설이 틀렸더라도 다시 시작하면 된다. 빨리 실패하고 빨리 흠을 발견하고 개선해 나가는 과정이 당장은 멈춘 것처럼 보여도 멀리서 보면 앞으로 나아가는 중이니까.

나는 오늘도 ADHD와 함께 일한다. 여전히 시간 약속을 헷갈리고, 중요한 것을 깜빡하고, 엉뚱한 생각에 빠지기도 하지만 이제는 그런 나를 미워하지 않는다. 오히려 그 과정에서 예상치 못한 발견을 하고 남들이 보지 못한 연결고리를 찾아낸다. 그렇게 매일 조금씩 나아가려 노력한다. 어제보다 실수를 하나 줄이고 동료에게 미리 양해를 구하고, 내 강점을 살려 팀에 기여할 방법을 찾는다.

그리고 스스로 성장의 기준을 바꾸어 갔다. 예전에는 '남들처럼', '남들보다 더'가 기준이었지만 '어제의 나보다 나아지는 것', '지속 가능한 방향으로 나아가는 것'이 목표다. ADHD는 완치되지 않는다. 중요한 것은 그럼에도 불구하고 한 걸음 더 나아갈 수 있다는 사실이다.

마지막으로 우리 모두는 완벽하지 않다. 누군가는 ADHD를, 누군가는 불안 장애를, 누군가는 번아웃을 안고 살아간다. 당신이 만약 선배라면 후배의 다름을 '가능성'으로 보길 바란다. 그리고 우리 모두 서로의 울퉁불퉁한 모서리를 인정하고 감싸 안으며 함께 성장해 나가자.

나는 앞으로도 ADHD와 함께 디자이너로 살아갈 것이다. 때로는 넘어지고 때로는 실수하겠지만 그래도 계속 나아갈 것이다. 오늘도 각자의 속도로 각자의 방식으로 열심히 살아가는 모든 분들에게 진심으로 응원을 보낸다.

우리 같이 오래 달립시다.

🔍 일 잘하는 TIP 🔎

다음 레이스를 위한 에너지 비축은 남이 정해주는 게 아니다. 다른 사람보다 더 많은 에너지가 필요한 일인지 스스로 판단하고, 어디에 힘을 쓸지 준비하는 시간이 필요하다.

번아웃을 막고 오래 꾸준히 잘하려면 내 발에 꼭 맞는 신발을 찾아 신어야 한다. 내 속도와 리듬에 맞는 방식으로 달릴 때 비로소 더 오래 더 멀리 갈 수 있다.

부서/직무 소개

박지영

파트너프로덕트디자인팀
#프로덕트디자인 #배민사장님서비스 #사용성

저는 프로덕트 디자인을 하고있는 11년 차 디자이너입니다. 사장님이 배달의민족에 입점하고 가게를 운영하는 과정에서 이용하시는 서비스들을 디자인하고 있어요. 사장님들이 저희 서비스를 이용하는 환경은 고객이 음식을 주문하는 경험과는 사뭇 다릅니다. 매장 손님을 응대하거나 밀린 음식을 조리하는 여러가지 상황 속에 주문을 확인해야 하는 경우도 있고요. 빽빽하게 나열된 매출을 살펴보고 어제의 매출과 비교가 필요한 경우도 있습니다. 이 모든 과정에 배달의민족 고객이 한명이라도 있다면 사장님은 저희 서비스를 이용할 수 밖에 없어요.

저희 팀은 사장님의 특수한 환경을 이해하고, 비즈니스의 요구사항과 사장님의 편의성 사이 균형을 지키는 서비스를 만들기 위해 노력하고 있습니다. 애석하게도 언제나 균형을 유지하기는 어렵습니다. 프로덕트 디자이너로서 지켜내야 할 '사용자 경험'을 양보해야 하는 경우도 종종 있고, 외부에서 들려오는 비난이나 사장님들의 한숨이 더욱 무겁게 느껴지는 이유입니다. '고객'에 비하면 '사장님'은 소수의 사용자입니다. 제가 만드는 서비스는 외부에 쉽게 드러나지 않는 곳에 있습니다. 그럼에도 과정이 사장님과 회사의 매출에 직결되어있다는 것을 알기에 진정한 '파트너'가 될 수 있도록 보이지 않는 곳에서 열심히 노력하고 있습니다.

궂은 날씨와 불경기에도 자리를 지켜주신 전국의 모든 사장님과 라이더님께 존경과 감사를 드리며 오늘도 마음을 다잡고 책상에 앉습니다

Part 9.

일상에서 건진 일잘러 전략

이후정 (기획자/프로덕트매니저, 푸드서비스기획팀)

01

문서 작업은
코스트코처럼

허니콤보를 먹을까 고추바사삭을 먹을까? 이 정도의 고민과 의사 결정은 즐겁다. 하지만 우리는 즐겁지 않은 의사 결정을 끝없이 하면서 살아가야 한다. 퇴직연금의 종류를 고르는 데 무슨 말인지 하나도 모르겠고, 기획자인 나에게 '어떤 식으로 개발을 해야 할지 기획 차원에서 결정해 달라'는 사람들 앞에서 땀을 삐질삐질 흘리며 무슨 말인지 아는 척하면서 회의를 해야 한다.

배달앱의 가게와 메뉴 노출을 담당하는 프론트엔드 기획 일을 하고 있는데 일을 하면서 늘 고민이 많다. 우리 프로덕트를 어느 방향으로 이끌어갈지, 고객에게 어떤 가치를 전달할지 같은 멋있는 고민도 물론 있다. 하지만 실제로 항상 내 시간을 잡아먹는 건 정말 모래알 같은 작디작은 고민거리들이다.

특히 문서를 어떻게 쓸지에 대한 고민이 늘 크다. 부끄럽지만 멋있는 고민이 아니다. 새 위키 페이지를 생성하고 나는 가끔 멍하게 빈 페이지를 바라보게 된다. 오래 보면 빈 문서에서 뭔가 생성이 되지 않을까? 안 생긴다.

그림을 그리기 전 빈 캔버스가 제일 어렵듯, 문서도 마찬가지다. 타이틀은 뭐라고 할까? 무슨 "프로젝트"라고 할까? "정책서"라고 할까? 기획서라고 쓰자니 요즘은 촌스러워 보이고, 영어를 포함하면 윗분들의 취향에 안 맞을 것 같기도 하다. 띄어쓰기도 고민이다. 예를 들어 "메뉴/옵션 할인 상세 정책"이라고 썼다가 "메뉴와 옵션 할인 정책서"라고 썼다가… 결국 지우고 다시 쓰기를 반복하게 된다.

- 메뉴/옵션 할인 상세 정책 (음…)
- 메뉴/옵션 할인 기획 (기획서가 낫나?)
- 메뉴와 옵션 할인 (기획서 타이틀 같지가 않다. 책 제목 같다)
- 메뉴와 옵션 할인 도입 (도입이란 단어가 어색하다)
- 할인 중 메뉴 개발 (이상해 이상해)
- 메뉴/옵션 할인 기능 개발 (개발만 주인공처럼 보이잖아)
- 메뉴 할인 신규개발 (아, 첫번째가 제일 낫다)

타이틀에서 충분히 시간을 낭비하고 나면 본문으로 넘어간다. 자 이제 문서를 "배경과 background 중 어느 것으로 할까?", "한 줄 요약으로 할까?" 아무래도 문서를 딱 처음 여는 사람 입장에서는 '그래서 이 문서가 뭔데?'를 알려주면 좋아하지 않을까 싶다.

"배경과 목적"으로 적을까? 아니면 배경과 목적을 따로 따로 나눌까? 하지만 따로 쓰면 결국 비슷한 내용이 반복될 것 같다. "용어 정리"는 어디에 넣어야 할까? 사실 모르는 용어가 있다면 제일 먼저 나와야 하지 않을까?

이렇게 자잘한 의사 결정 파티를 하다 보면 시간이 훌쩍 가는데 정작 문서에 적은 내용은 얼마 없다. 타이틀에서부터 배경과 목적, 용어 정의, 핵심 요구 사항, 관련 경로, 상세 정의(본문), 담당자와 일정, 기타, 인덱스 등 여기까지 내려가는데 한 세월이다. 막상 이 고민이 끝나면 내용을 채우는 과정은 상대적으로 수월하다. 사실 위키 문서에서 이 고민은 사회 초년생 시절을 생각해 보면 양반이다.

"라떼는" 이야기를 해 보자면, 스마트폰 없던 시절 내가 신입사원이던 때 기획자는 기획서를 파워포인트로 작성했다. 새로운 문서를 쓸 때 파워포인트는 위키보다 훨씬 사악하다. 위키는 어느 정도 문서의 틀이 고정이 돼 있어서 덜하지만(본문 폰트나 구조가 한 가지로 정해져 있어서 고민할 게 아예 없다) 파워포인트는 자유도가 아주 높아서 미칠 일이다.

배경 색, 선 위치, 폰트, 이미지 찾기, 간격 맞추기 등 위키보다 마이크로 의사 결정을 요구한다. 그리고 발표를 위한 장표는 눈에 보기 좋게 단장해야 했고 소위 '노가다'를 한 장표와 하지 않은 장표의 차이는 확연했다.

그렇기에 상대적으로 위키는 훨씬 쉬운 도구이다. 그래도 고민을 여전히 할 수밖에 없다. 줄 간격에 대한 고민보단 문서 내용에 대해 (비록 포맷적인 부분에 대해 고민을 많이 하지만) 고민하는 것은 발전이다. 형식 고민이 줄어들수록 내용에 투자할 수 있는 시간이 많아진다. 파워포인트에서 위키로 넘어가면서 더 발전하려면 어떻게 해야 할지 또 고민을 했다. 오랜 시간이 지나 드디어 답을 찾았다.

문서를 코스트코처럼 만들자. 식상한 이야기지만 코스트코는 MD가 잘 고른 한 개 혹은 몇 가지 옵션만 둔다. 고객은 오히려 고민이 줄어드니 더 쉽게 많이 사는 것이다. '코스트코는 퀄리티 있는 상품을 잘 골라 놨다'라는 믿음도 깔려 있어서 한 명의 고객인 나는 믿고 사는 편이다. 그래서 나도 문서 쓸 때 매번 고민하지 말고 최적화된 포맷을 만들어 두기로 다짐을 했다. 그리고 나는 내 미래 기획서들의 프레임이 될 수 있는 기획서의 포맷을 만들기 시작했다.

물론 포맷을 만들 때도 또 고민이 많았다. 앞으로의 수많은 케이스를 담으려면 고심해서 단어를 선택해야 했으니까. 그래도 조금씩 나만의 룰을 만들다 보니 문서를 시작하는 속도가 붙었다. 이제는 background를 쓸지 인트로를 쓸지 고민하지 않고 담당자, 업무, 일정 표 같은 것도 복사해 붙이면 된다. 이게 뭐라고 든든하다. 이렇게 문서 작성 속도를 키운 것이다.

가끔은 코스트코에서 파는 벌크 사이즈의 토마토 소스 1개 대신 마트에 예쁘게 깔린 여러 토마토 소스를 골라 보는 재미도 필요하다. 언젠가 나 자신이 너무 효율화되었다고 느껴질 땐 다시 돌아가 고민해 볼 수 있을 경지까지 이르길 바란다.

일 잘하는 TIP

매번 문서 형식을 새로 고민하기보다 신뢰할 수 있는 최적화된 포맷을 만들어라. 포맷은 작성 속도와 완성도를 함께 높인다.

02

환경에는
돈을 아끼지 않는다

돈으로 해결할 수 있는 것은 쉬운 일이다(서울에서 집 사는 것 빼고). 그리고 동시에 돈을 쓰는 일은 즐겁다. 그래서 나는 최적화된 업무 환경을 위한 돈도 아끼지 않고 쓰는 편이다.

일은 좋든 싫든 항상 매일 거의 하루 종일 해야 한다. 그런데 조금이라도 이 일을 하는 과정이 편하거나 즐거울 수 있다면, 그건 충분히 투자할 만하다.

배민은 재택 러버들이 많다. 지금은 일주일에 한 번은 출근해야 하는데 그 하루 출근하는 날만 보면 매우 불편해 보이는 분들이 많다. 보통 집의 재택 공간에는 키보드, 거치대, 각종 장비를 다 구비해두지만 회사에 오면 노트북 하나만 테이블에 올려놓고 쪼그려 앉아 일하는 경우가 많다. 사무실 출근을 자주 하지 않으니 대충

오시는 분들도 있고, 아예 사무실을 싫어해 최소한의 시간만 보내고 빨리 떠나려는 분들도 있다. "진짜 일은 집에서만 하고 싶다"는 마음인 거다. 나는 사무실 출근을 선호하는 사람이다. 이건 옳고 그름이 아니라 취향의 차이다. 나는 재택 러버들을 보며 "왜 저렇게까지 사무실을 싫어하지?"라고 생각하고 그들은 나를 보며 "쟤는 왜 저럴까?"라고 생각할 수 있다.

아무리 재택을 사랑하는 사람도 가끔은 사무실에 나와야 하고 아무리 사무실이 좋은 나도 가끔은 재택을 해야 한다. 그래서 나는 회사와 집의 업무 공간을 동일하게 세팅했다. 똑같은 거치대, 똑같은 키보드, 똑같은 마우스와 충전기를 두어 이동할 때마다 번거롭게 세팅하지 않고 앉자마자 바로 일할 수 있게 한 것이다.

예전처럼 고정된 한곳에서만 일하는 게 아니기 때문에, 두 곳을 오가며 생기는 번거로움을 최소화하고 싶었다. 실제로 효과가 있다. 사무실에 도착해 앉을 때, 아침에 재택할 때, 사무실에서 일하다 집으로 이동해 추가 업무를 할 때도 노트북만 올리면 된다. 간단하다. 사무실도 집도 똑같이 편안하다.

업무 효율을 높이려면 사무실을 벤치마킹하는 게 좋다. 집은 내 취향대로 꾸미지만 조명 같은 건 업무에 불편할 수 있다. 예를 들어 내 집은 노란 조명뿐이라 밤에 일하기엔 좀 침침했다. 그런데 회사 1인 회의실의 밝은 조명을 보고 감탄하며 모델명을 적어왔다. 업무하기 좋은 밝기, 색온도 조절 가능, 묵직하게 안정된 디자인…

"사야겠다!" 다짐했다.

    매일 출근하고 고정 좌석이 있던 시절에는 데스크 꾸미기가 꽤 즐거웠다. 자리마다 작은 냉장고, 화분, 액자, 심지어 구피 어항까지 두고 키웠다. 지금은 스마트오피스 좌석 시스템 때문에 미니멀한 생활을 하지만, 아쉬운 대로 집 데스크를 예쁘게 꾸민다. 줌 회의 때는 내 책장이 배경으로 보이고, 벽에는 좋아하는 아트가 걸려 있고, 바닥엔 프랑스에서 사온 발매트가 깔려 있다. 가끔은 딥티크 향초 불빛이 까루셀과 함께 빙글빙글 돌기도 한다. 세상 딱딱한 업무를 하면서도 이 향이 나를 치유해준다. 가끔 나의 분노를 치유해주기 때문에 돈값을 한다.

    매일 일해야 하는 공간에 마법을 더해주는 쇼핑은 아끼지 마라. "쇼핑은 업무에 도움이 된다!"

03

산을 오르듯 일에 임한다

"올라가야 되는데 왜 길이 내려가는 거죠?!!"라고 북한산에서 내가 진심으로 버럭 화를 낸 적이 있다. 옆에 아주머니가 웃으셨다. 어쩌다가 회사에 비공식 기획자-개발자 등산 모임에서 활동을 하게 되었다. 나는 사실 등산을 혐오하던 사람이었는데, 사람이 좋고 등산 후 먹는 삼겹살이 좋아서 같이 다니다 보니 점점 산에 정을 붙이고 있는 중이다. 그리고 이제는 정상에 올라가기 전에 갑자기 내리막길이 나와도 전처럼 화를 내지는 않는다.

거의 모든 산에 그런 구간이 있기 때문이다. '여기도 그렇구만' 하고 받아들인다. 업무는 등산과 비슷하다. 정상에 오르기 전 내리막이 먼저 나온다.

내려가면서 힘들게 쌓은 고도를 다시 깎아 먹고, 다시 올라갈 때는 숨이 턱까지 차오른다. 우리의 업무도 마찬가지다. 늘 재검토가 필요하고 배포를 했다가도 롤백을 해야 한다. 이런 일은 흔하게 일어나니 너무 화내지 않아도 된다. 가끔은 롤백뿐만 아니라 프로젝트가 중간에 드롭(취소)될 때도 있다. 비가 오거나 부상으로 산행을 중단하듯 검토하던 프로젝트 혹은 개발 중이던 프로젝트가 사라질 때가 있다. 일하면서 아마 가장 허무한 순간이겠지만, 정상에 오르지 못했더라도 잠시 쉴 수도 있고 곧 다른 산에 오를 수도 있다. 산은 많다. 산이 적다는 서울에도 무려 42개의 산이 있다. 드롭되는 프로젝트가 있더라도 다음에 할 일은 늘 많다.

산에 오를 때는 늘 힘들고 숨이 차오른다. 특히 길이 많은 초반에는 '왜 내가 이런 선택을 했지?' 하는 후회와 함께 스트레스가 치솟는다. 마치 새로운 업무가 시작될 때, 교통 정리가 안 되어 혼란스러운 그 느낌과 같다. 하지만 등산도 업무도 계속하다 보면 나만의 페이스가 생기고, '죽겠다 죽겠다' 하면서도 결국 정상이 보이고 만다.

정상이 시야에 들어오면 "설마 저기가 정상인 거야? 저기까지 올라가야 한다고? 말도 안돼"라는 생각이 든다. 밑에서 올려다보는 산의 정상은 항상 비현실적으로 보인다. 우리 일도 그렇다. '이 프로젝트가 정말 오픈될 수 있을까?'라는 의심이 든다.

등산 중간에는 "여기서부터는 능선이에요", "이 산엔 능선이 많아요", "곧 능선이에요" 같은 말을 듣는다. 개인적으로 산에서 가장 잘 들리는 거짓말이 바로 '능선'이다. 능선이 있든 없든 결국 우리는 위로 더 올라가야 한다. 달콤한 말로 위로하지만, 내 기억엔 능선에서 편히 걸었던 산이 없다. '간단한 업무'가 능선 같은 것이 아닐까. 세상에 간단한 건 없다. 맨날 간단하다고 해놓고 실제로 검토하다 보면 이슈들이 꼬리가 꼬리를 물고 나타난다.

그래도 능선이든 비탈이든 계속 가다 보면 결국 정상을 오르게 된다. 산의 정상도 프로젝트의 오픈도 '잠시' 기분이 좋다. 정상에서 경치를 구경하거나 사람들과 김밥을 나눠 먹고 운 좋으면 운해도 볼 수 있다. 다만 세상에서 진정한 끝도, 진짜 정상도 없다. 다시 내려가야 하고 내려가는 것도 중요한 일이다. 프로젝트가 끝나면 성과 분석과 후속 프로젝트가 이어진다. 그래도 산을 오르기 시작했던 고생을 생각하면 하산길의 발걸음이 상대적으로 가볍다.

하산해서 먹는 삼겹살과 술 한 잔, '이 맛에 등산을 한다!'라고 즐거워한다. 그렇게 다음 산행이 예약되고 다시 처음부터 시작이다. 올라가면서 욕도 하지만 등산도 업무도 오르막과 내리막, 즐거움과 고통이 교차한다. 정상에서나 하산해서나 기분이 좋다가도 다시 시작하면 또 힘들어진다.

그래서 나는 등산도 일도 결국 할 만한 것이라고 스스로를 달랜다. 지금 너무 힘들면, 아… 내가 산행을 시작한 지 얼마 안 된 가장 힘든 시점이거나 깔딱고개 어디쯤이겠지라며.

04

사랑처럼
불쑥 찾아온 일

배포를 위해 새벽 4시까지 출근해본 적 있는가? 4시까지 출근을 하려면 집이 가까워도 3시 반에는 나와야 하고, 아무리 늦어도 3시에는 기상해야 한다. 정말 싫은 일정이다. 특히 이런 날은 꼭 영하 15도까지 내려간다. 재택근무가 없던 시절부터 기획자와 개발자를 해온 사람이라면 이런 지옥 같은 새벽 출근을 겪었을 가능성이 높다. 왜 새벽에 배포를 할까? 하는 사람들을 위해 간단하게 설명해주겠다.

서비스나 기능을 새롭게 오픈할 때 사용자들이 서비스를 가장 적게 이용하는 새벽 시간을 골라서 배포한다. 그래야 만약 서비스 장애가 나더라도 대응 후 영향이 최소화되기 때문이다.

새벽 배포는 피곤하다. 그러나 업무적으로 가장 중요한 날 중 하나다. 지금껏 달려온 작업 결과를 세상에 내놓기 위해 남들이 잠

들어 있는 시간에 사무실에 모여 긴장된 순간을 함께 보낸다.

배포 규모가 클수록 새벽에 배포를 하고 문제도 더 자주 생긴다. 꼭두새벽부터 배포를 했던 어느 3월의 하루가 있었다. 코로나 때문에 몇 년간 서로의 얼굴을 볼 일이 없던 시절, 모든 배포도 온라인으로만 이루어졌다.

그런데 그날은 다 같이 모여 배포를 하게 되어 내심 설레었다. 우리 회사에서는 같은 날, 같은 시각, 같은 공간에 모두 모여 앉는 일이 거의 없다. 그래서 옆에 앉아 있던 팀원들과 개발자들을 보니 꽤나 신이 났다.

배포와 테스트 그리고 지루한 기다림을 반복한 후 당장 큰 불은 꺼졌으니 이제 밥을 먹으러 가자고 누군가 용기내서 말을 꺼냈었다. 몇몇이 자리에서 옷을 챙기고, 엘리베이터로 향했다. 그러나 버튼을 누르기도 전에 슬랙 메시지로 서비스 장애 소식이 날아왔고, 거의 목덜미를 잡힌 듯 모두 다시 자리로 끌려가야 했다.

서비스 장애가 나면 기획자가 직접 할 수 있는 일은 많지 않다. 어디에 문제가 생겼는지 찾고, 실제로 수정을 해야 하는 것은 개발자이고, 기획자는 통상 발을 동동 구르는 정도이다. 발을 동동 구르면서 기획자는 개발자가 본업에 집중할 수 있도록 그 외의 모든 것을 서포트해 주곤 한다. 예를 들어 긴급하게 수정을 했으면 이를 가지고 QA팀에 달려가서 테스트가 가능한지 물어보거나 정책 히스토리 파악이 필요하면 문서를 뒤지거나 관련 누군가에게 문의를 한다.

가끔은 우리가 기능을 만들 때 전혀 고려하지 못했던 케이스 때문에 오류가 발생하는 경우가 있는데 그럴 때는 해당 케이스에 대해서 그 자리에서 기획자는 정책을 정의해야 한다. 늘 모니터 앞에서 문서를 편집하고 슬랙 메시지만 보내는 기획자 인생 중 가장 다이내믹한 순간들은 이럴 때 일어나는 것 같다. 하지만 대부분은 오류의 원인을 파악하는 개발자 옆에서 노심초사하면서 대기하는 시간이 많다. 사실상 그 시간엔 직접적인 도움이 어렵지만, 마음이 딴곳에 가지 않는다. 그날 나는 엉덩이에 뿌리 난 듯 개발자 옆을 계속 맴돌았다.

출근한 지 12시간이 넘었는데도 집에 가지 못했던 그날, 최종적으로 수정한 코드들을 운영 환경에 배포할 때 배포 코드가 나가는 화면에 초록색 바 그래프가 움직이는 것을 나와 몇몇 개발자들이 다 같이 서서 보고 있었다. 다들 너무 퇴근을 하고 싶어서 마음이 초조했다.

배포가 다 되었다고 퇴근할 수 있는 건 아니다. 막상 배포가 완료되면 정말 문제가 없는지 최종 QA(테스트)를 돌아야 한다. 테스트는 QA 담당팀에서 진행을 해주는데 항목별로 QA를 테스트하고, 정상적으로 작동하는지 결과를 구글 시트에 입력하는 걸 우리는 다같이 모니터링한다. 실시간으로 하나씩 구글 시트에 항목들이 클리어되면서 마치 축구 경기처럼 신나게 초집중을 했고 최종

승인 시엔 탄성이 터졌다. 드디어 집에 갈 수 있다는 기쁨이었다.

말끔하게 끝나면 좋겠지만, 고생한 날은 팀원들과 동료애가 깊어진다. 극복한 오류와 장애들은 다음 번엔 더 철저하게 준비하는 발판이 되기도 한다.

서비스 장애는 항상 예상하기 어려운 부분이지만, 그래도 서비스 오픈하는 날에는 모두 만반의 준비를 하고 모두가 물리적으로 대기할 뿐만 아니라 마음의 준비도 되어 있다. 다만 그렇지 않은 경우도 많다. 장애는 언제든 발생한다. 그렇기 때문에 서버 개발자들은 특히나 어딜 가도 노트북을 들고 오곤 한다. 한강에서 치킨 먹을 때도 결혼식에도 누군가 한 명은 노트북을 들고 오는데, 그런 모습을 보면 든든함과 함께 묘한 동지애가 생긴다.

기획과 개발이 함께 회식을 하던 날이었다. 유난히 배고팠던 날, 고깃집에 도착해서 불판에 익어 가는 삼겹살은 유난히 맛있게 보였다. 노릇노릇하게 구워진 고기들이 중앙에 방사형으로 놓아지기 시작했고, 우리는 소맥 한 잔을 부딪치며 먹기 시작했다. 딱 두 점 쯤 먹었을 때 서비스 장애가 났다는 연락이 왔다. 하아…

우리는 등받이 없는 동그란 고깃집 의자에 앉은 채 각자의 노트북을 열고 장애 대응을 하기 시작했다. 마침 모든 사람들이 그곳에 있었기에 바로 대화를 하면서 대응을 할 수 있었고 심지어 옆 옆 테이블에 앉아 있던 데이터 분석가를 불러 급하게 데이터를 뽑아 보기도 했다. 편하게 밥을 먹고 싶다는 생각에 짜증이 치솟았다.

그 순간 함께 장애 대응을 하던 다른 팀의 주니어 기획자가 우리가 지금 고깃집에서 장애 대응을 하고 있다는 사실을 듣더니 "후정님 그런데 고깃집에서 장애 대응.. 조금 낭만적이지 않아요?"라고 말했다.

어린 기획자가 너무 귀여우면서도, 약간 수긍이 되었다. 그렇다. 먹던 고기도 내려놓고 다 함께 고깃집에서 노트북을 펴고 장애 대응을 하던 우리의 모습은 어떻게 보면 꽤나 그럴싸했다. 문득 그때 그 팀원들의 얼굴이 보고 싶어지는 순간이다.

장애 대응이 끝났을 즈음, 고기는 식어 있었고 몇 입 먹고 난 뒤의 포만감으로 식욕도 싸늘하게 식었다. 하지만 이런 일을 겪으며 내공이 쌓이는 것 같다. 당황스러워도 다음에는 조금 더 침착하고 차분하게 일을 풀어나갈 수 있게 된다.

그래도 웬만하면 서비스 장애는 삼겹살 먹기 전이나 후에 발생하면 좋겠다.

🔍 일 잘하는 TIP 🔍

서비스 장애는 언제든 발생할 수 있다. 중요한 것은 침착함을 잃지 않고 협업에 집중하는 태도다. 위기 상황에서 쌓은 경험과 내공은 다음 문제를 더 빠르고 차분하게 해결하도록 만든다.

부서/직무 소개

이후정

푸드서비스기획팀
#프로덕트매니저 #배민기획자 #푸드서비스기획

배달의민족 앱에서 제일 잘 보이는 부분을 담당하는 푸드서비스기획팀 소속입니다. 배민앱에서 밥을 한 번이라도 주문해 보았다면, 푸드서비스 기획자의 손을 탄 지면을 사용해 보았을 것입니다. 음식을 주문하기 위해서 앱에 들어와 검색을 하거나, 카테고리를 구경을 하거나, 찜 지면에서 좋아하는 가게를 다시 찾아 누르고, 가게의 상세 페이지에 들어가서 리뷰를 읽고 메뉴를 고르는 모든 지면을 기획하고 관리하는 부서입니다.

우리팀의 기획자는 크게는 한 지면의 방향성을 그리는 전략 문서를 작성하기도 하고, 작게는 어느 화면의 작은 코너에서 최대 몇 글자까지 앱에 노출을 할 수 있는지를 정하기도 합니다. 눈에 보이지 않는 웹 접근성이나 앱 로그를 설계하는 일도 담당하죠. 종합적으로는 하나의 프로덕트가 세상에 눈을 뜨거나 발전하기 위해 처음과 끝을 챙기는 사람이라고 할 수 있습니다.

배민의 가장 대표적인 음식 배달의 지면을 맡고 있는 만큼, 수많은 데이터와 유관부서의 중심에 서 있기 때문에 그 누구보다 바쁘고 정신없다고 주장하는 팀이기도 한데요. 이 팀의 기획자로서 저는 힘들고 짜증나고, 아마도 수많은 고객들이 누군지 모른 채 저를 향해 욕을 할지도 모르지만, 아주 가끔은 이렇게 생각합니다.

"지금 밥을 주문하는 그 가게 상세 페이지, 내가 기획한 거야"라고 말할 수 있어서 조금은 뿌듯한 기획자 입니다.

Part 10.

조직에 가치를 입히는 사람

조영은 (조직문화 기획, 컬쳐커뮤니케이션팀)

01

빠져드는 몰입의 문화

"좋은 조직문화란 무엇일까." 많은 조직문화 담당자가 마주하는 화두다. 같은 직무 사람들이 모일 때마다 자연스럽게 나누는 이야기이기도 하다. 조직문화의 사전적 정의는 '집단 안에서 개인과 집단이 협력하는 방식을 특징짓는 가치, 규범, 신념, 행동 양식의 구성'이다. 그렇다면 좋은 조직문화는 어떻게 정의할 수 있을까? 7년 전, 우아한형제들의 조직문화 담당자로 합류한 나 역시 이 질문과 자주 씨름했다.

우아한형제들에 오기 전, 나는 빠른 실행과 눈에 보이는 성과를 중시하던 IT 기업에 있었다. 강한 리더십 아래 사업은 빠르게 성장했고 여러 분야로 확장됐다. 하지만 그 안에서 사람보다는 숫자가 더 중요하게 느껴지던 순간이 있었다.

어느 날, 회사 분위기를 말랑하게 만들 수 있는 이벤트를 기획해 보라는 미션이 주어졌다. 그런데 작은 이벤트 하나로 회사의 공기가 달라지는 걸 느꼈다. 홍보 마케터였던 내가 처음으로 '조직문화'라는 일의 한 조각을 마주한 순간이었다.

그 후 전사에 보내던 뉴스 클리핑 메일 하단에 신입사원이나 팀 소개 같은 짧은 사내 소식을 담기 시작했다. 뉴스클리핑보다 이 하단 콘텐츠가 기다려진다는 답장이 오기 시작했다. 누군가는 메일 속 한마디 응원이 은연중 큰 힘이 된다고 했다. 어떻게 하면 더 재미있고 풍성하게 회사 소식을 전할 수 있을지 고민하며 퀴즈도 만들고, 소소한 이벤트도 열었다.

🔍 일 잘하는 TIP 🔍

의도하고 만들어가는 사내 문화가 회사의 분위기와 구성원의 태도를 바꾸는 힘이 된다는 걸 느꼈다. 조직 문화란 커다란 전략이 아니라 흘러가는 공기와 반복되는 태도, 그리고 어투 하나가 만들어내는 것이다. 그것이 에드가 샤인(Edgar H. Schein)이 말한 것처럼 '보이지 않지만 공유되는 기본 가정들'이다.

짐 콜린스의 『좋은 기업을 넘어 위대한 기업으로』는 내게 큰 확신을 줬다. 좋은 조직문화는 위대한 기업의 필수 조건이며, 구성원

간 신뢰와 애정을 바탕으로 협력, 성장을 가능하게 하는 핵심 전략이라는 것을. 위대한 기업이 될 곳이라면 조직문화를 그냥 두진 않겠다는 마음이 들었다. 이 일은 단순히 '분위기'를 만드는 일이 아니라, 회사의 '토양'을 가꾸는 일이기 때문이다. 좋은 토양 위에서만 좋은 나무가 자라고, 꽃이 피고, 열매를 가득 맺을 수 있다.

이 일을 제대로 해 보고 싶다는 마음으로 우아한형제들을 찾았다. 홀로 조직문화를 만들어 가는 것은 어려웠지만, 함께하는 동료들이 있다면 더 많은 것을 해 볼 수 있을 것 같았다. 배민에서 나는 '직원'이 아닌 '구성원'이라는 단어를 배웠다. 언어의 차이가 문화의 차이라는 것을 느꼈고, 조직문화는 회사의 진짜 얼굴, 화장을 지운 쌩얼 같은 것이라는 생각이 들었다. 말없이 공유되는 분위기 속에서 구성원들은 회사가 진짜 중요하게 여기는 것이 무엇인지 알아채곤 했다.

우아한형제들의 조직문화는 '성장, 비전, 존중, 소통'이라는 네 개의 키워드를 중요하게 여긴다. 이 키워드는 구성원들이 생각하는 좋은 회사의 정의를 인터뷰하며 찾아낸, 좋은 회사의 필요 조건이다. 좋은 회사를 만들기 위해서는 좋은 조직문화가 필요했다.

내가 속한 피플실이 추구하는 방향은 명확하다. 우아한형제들의 구성원들이 '우리다움'을 자주 더 깊이 느낄 수 있는 경험을 설계하는 일이다. 조직문화는 구성원 경험의 총합이며, 구성원이 매일 쌓아가는 경험이 공기처럼 스며들어 문화가 되고 우리의 정체성이 된다.

그래서 우리는 구성원의 여정마다 회사가 추구하는 조직문화를 느낄 수 있도록 설계한다. 전사 행사를 만들고, 문화 캠페인을 벌이고, 이벤트를 열고, 전체 구성원과 함께하는 타운홀 미팅을 운영한다. 전사 공지의 첫 문장과 공간의 레터링 하나까지도 신중하게 다룬다.

"Every touchpoint is a culture point." 내가 제일 좋아하는 말이다. 사내 메일 한 줄, 복도에 붙은 포스터 한 장에서도 조직문화는 피어난다. 이 작은 순간들이 모여 우리의 문화를 말해 준다고 믿는다.

그렇다면 다시 묻고 싶다. 좋은 조직문화란 무엇일까? 정답은 없다. 회사마다 상황과 환경이 다르기에 조직문화는 획일화될 수 없고 좋은 조직문화에 완벽한 표본은 없다고 생각한다. 그러나 내가 생각하는 좋은 조직문화의 기준이 있다. 회사에 '몰입하는 눈빛'을 가진 구성원이 많은 것이다.

그 눈빛은 자발적인 의욕과 일을 더 잘하고 싶은 마음에서 나오기 때문이다. 그 눈빛들이 모여 혼자는 해낼 수 없는 큰일을 이룬다고 믿는다. 왁자지껄한 분위기든, 조용한 긴장감이 흐르든, 나는 구성원의 눈빛에서 진정성을 본다. 그래서 나는 오늘도 질문한다. 오늘 우리의 일터에서 구성원들은 어떤 눈빛으로 하루를 보내고 있는가. 그리고 나는 어떤가.

02

온택트 팀빌딩: WOW타임

"코로나 전염을 막기 위해 재택근무로 전환합니다. 컴퓨터를 들고 집으로 이동해 주시기 바랍니다." 얼떨떨하던 사내 공지를 잊지 못한다.

처음 한두 달은 오히려 좋았다. 출퇴근에 쓰이던 에너지가 이렇게 많았나 싶었다. 덕분에 시간이 절약되고, 개인 시간이 늘어나면서 할 수 있는 일이 많아졌다. 아마 다들 비슷했을 것이다. 팀도 점차 재택근무에 익숙해졌다. 서로의 근황을 메신저로 나누며 꾸준히 생존 신고를 올리고, 할 수 있는 일들을 찾아 나갔다. 온보딩 과정은 전면 온라인으로 전환되었고, 현장에서 함께하던 이벤트는 모두 랜선 이벤트로 바뀌었다.

그렇게 몇 개월이 지났다. 하루 종일 컴퓨터 앞에서 한마디도

안 하는 날이 늘어갈 무렵, 구성원들의 걱정 어린 메시지가 하나 둘 팀에 닿기 시작했다.

- "저희 팀에 신규 입사한 구성원이 있어요. 팀에 잘 적응하도록 챙겨주고 싶은데 만나지 못하니 어려워요. 좋은 방법이 없을까요?"

- "출근해서 같이 커피 마시며 이야기 나누던 때가 그리워요. 회의 말고는 팀원들과 얼굴 보기조차 어려워요. 일 얘기 외에 다른 이야기는 잘 못 하겠어요."

- "최근 조직 개편이 되어 팀 분위기가 어수선해요. 친해질 시간이 있으면 좋겠어요."

자주 만나 이야기를 나누며 쌓이는 신뢰와 친밀감은 팀을 하나로 묶어 성과를 내는 히든 카드다. 그러나 만나지 못해 팀 빌딩이 어렵다는 구성원들의 이야기를 듣고, 무언가 해야겠다는 긴박한 마음이 들었다. "온라인 팀 빌딩 콘텐츠를 만들어 보면 어떨까요?"라는 팀장님의 제안에 나는 PM이 되어 WOW타임을 만들었다.

우리는 빠르게 실행하며 보완해 가고자 신규 입사자가 있는 조직을 대상으로 10개 팀을 모았다. 초기 형태는 짧은 퀴즈와 근황 토크로 재미를 더한 온라인 티타임 형식이었다. ZOOM에 모여 간단한 아이스브레이킹 게임, 자기소개, 팀 소개를 진행했다.

운영하며 얻은 인사이트를 바탕으로 본격적인 WOW타임이 꾸려졌다.

- 어색한 분위기를 깨는 몸풀기 스트레칭
- 구성원 이야기를 퀴즈로 풀어 가는 시간
- 함께 웃으며 하나 됨을 느끼는 팀 빌딩 게임
- 진솔한 메시지를 전하는 익명 응원 보드

90분간 팀과 함께 진한 대화와 웃음을 나누는 WOW타임은 월별 신청 페이지가 열리면 10분 만에 마감되는 인기 콘텐츠가 되었다. 당시 컬처커뮤니케이션팀은 한 팀이라도 더 WOW타임을 경험할 수 있도록 팀 전원이 진행자로 나섰다.

WOW타임은 팀원들과 머리를 맞대며 나날이 발전했다. 콘텐츠가 풍성해지며 다양한 선택지가 생겼고, 팀별 상황에 더 알맞은 콘텐츠를 제공하게 되었다. 인원이 많은 조직이 신청할 경우는 새로운 포맷이 필요해서 '우리 팀 퀴즈 고사'도 탄생했다. 이 시간은 팀원들의 사연으로 만든 문제를 풀고, 함께 채점하며 각자의 이야기를 들어보는 시간으로 진행됐다.

나아가 당시 유행하던 가상 공간 '게더타운 Gather Town'을 활용했다. 오피스, 스쿨 맵 등을 만들어 진행하면서 마치 소풍처럼 특별한 느낌을 연출할 수 있었고, 구성원들의 경험은 더욱 풍성해졌다. 구성원들은 가상 오피스 주변에 재현한 올림픽공원과 벚꽃 호수에서 산책을 즐기며 이야기를 나누기도 했다.

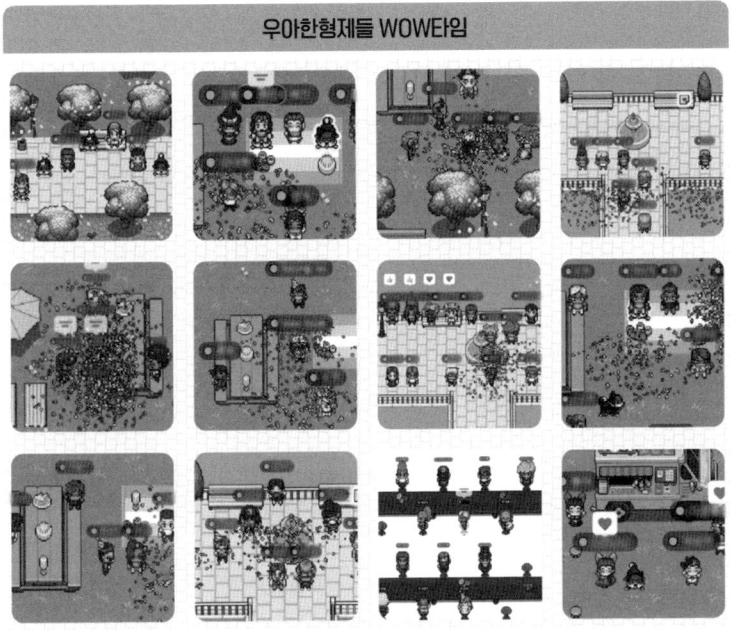

WOW타임을 팀맞춤형 콘텐츠로 진행하다 보니, 사전 자료를 준비하는 일이 힘들기도 했다. 팀 분위기에 따라 진행이 부담스러울 때도 있었다. 하지만 WOW타임을 함께 이끌어가는 팀원들이 서로의 든든한 지원군이 되어주었고, 이 시간을 통해 우리 역시 단단한 원 팀이 되었다. WOW타임을 통해 각 팀의 상황을 더 깊이 이해하면서 회사가 필요한 지원과 다음 콘텐츠도 고민할 수 있게 되었음은 덤이다.

　WOW타임의 평균 만족도는 5점 만점에 4.9점이었다. 주된 의견은 "팀원들을 더 잘 알아갈 수 있어서 좋았습니다. WOW타임이 아니었으면 이런 이야기들을 나누지 못했을 거예요.", "함께 웃고 친해질 수 있어서 좋았어요. 팀이 더 하나가 된 것 같아요."였다.

　하지만 아직도 기억에 남는 후기가 하나 있다. "구성원들과 조직문화에 힘써 주셔서 감사합니다. 덕분에 일할 맛 납니다!" 다른 조직은 할 수 없는 우리의 일이 구성원들에게 닿아 선한 영향력을 주고, 작더라도 의미 있는 변화를 만들어낼 때 나는 기쁘다.

　WOW타임을 경험한 조직이 많아진 후, 나는 진행자가 없어도 자발적으로 운영될 방법을 고민했다. 우리 팀이 모든 조직을 다 커버할 수 없거니와, WOW타임의 확산 자체가 최종 목표는 아니었기 때문이다. 진짜 목표는 조직 구성원 간 소통이 활발해지고, 이를 통한 신뢰와 심리적 안정감을 기반으로 일이 더 잘되는 문화를 만들어가는 것이었다. 그렇게 탄생한 것이 Airbnb에서 아이디어를 얻은 'WOW BnB' 온라인 공간 대여 서비스였다.

　게더타운에 만든 여러 맵 속에 타운홀, 1대1 티타임 등이 가능한 공간을 조성하고, 필요한 조직은 이 맵을 대여하여 자유롭게 사용할 수 있도록 했다. WOW BnB에서는 타운홀 미팅, 원온원 미팅, 데일리 팀미팅 등이 이뤄졌다. 특별히 WOW BnB를 애용하는 조직들이 있었는데, "일할 수 있는 환경을 이렇게까지 만들어줘서 고맙다"라는 이야기를 건네주시곤 했다. WOW BnB는 서서히 막을 내렸지만, 그 공간에서 쌓인 추억과 경험은 구성원들의 마음에 남아 또 한 번 전진하는 힘이 되었을 것이라 믿는다.

코로나가 끝난 후 WOW타임은 어떻게 되었을까? 2020년 10월 시작된 이 콘텐츠는 오프라인 팀 빌딩 프로그램으로 전환되어 지금까지 200여 팀과 함께하고 있다. 시즌마다 더 새롭고 알찬 콘텐츠로 무장하면서.

03

온보딩 개편기: 덜어낼 용기

온보딩 경험 파트의 파트장이 되어 파트원들과 함께 우아한형제들의 신규 입사자 첫날 프로그램인 '웰컴온' 개편을 맡게 되었다. 그런데 뜻밖의 딜레마가 있었다. 웰컴온은 이미 너무 잘 만들어진 프로그램이라는 것이었다. 매년 꾸준히 다듬어져 왔기에, 바꿀 게 많지 않아 보였다. 어떤 부분을 손대려 해도 '과거에 이미 시도하고 개선된 결과'라는 벽에 부딪혔다.

당시 웰컴온은 공간 투어 → 계약 설명 → 조직장과 돌보미* 런치 → 입사 동기 밍글링 → PC 세팅 & 주요 생활 정보 안내로 이

---

* 돌보미란 신규 입사자를 한 달 동안 옆에서 돌보며 온보딩을 서포트해 주는 동료를 뜻한다.

어지는 종일 과정이었다. 입사 첫날 알아야 할 모든 정보가 꼼꼼하고 친절한 흐름으로 제공되고 있었다.

막막한 시간이 있었지만 고민 끝에 깨달았다. 온보딩의 본질은 정보를 많이 전달하는 것이 아니라, 실무 적응을 돕는 '브릿지' 역할이라는 것이었다. 무엇보다 현업과의 연결이 중요했다. 이 깨달음은 개편 방향을 완전히 바꿨다. '무엇을 더할까'가 아니라 '무엇을 덜어낼까'가 개편의 핵심이 된 것이다. 웰컴온은 '배민답게 일할 준비'라는 새로운 슬로건을 걸고 다시 태어났다.

Before		After	
10:00~11:00	맞이 & 공간 투어	9:30~10:00	맞이 & 공간 투어
11:00~11:30	계약 설명	10:00~11:00	조직문화 소개
11:30~13:00	조직장 & 돌보미 런치	11:00~11:30	계약 설명
13:00~14:30	입사 동기 밍글링	11:30~13:00	온보딩 런치
14:30~15:30	PC 세팅	13:00~	팀 온보딩
15:30~17:00	주요 생활 정보 안내		-

신규 입사자들에게 전달했던 많은 정보 중, 온보딩 담당자가 첫날 꼭 전해야 할 핵심 정보만 선별하고 이외 내용은 자율 가이드나 돌보미와의 티타임에서 자연스레 전달되도록 했다. 또 신규 입사자에게 정말 필요한 것이 무엇인지 고민하며 '팀 온보딩' 시간을 새롭게 마련했다. 경력직 비중이 높은 우아한형제들에서는 업무에 대한

기대만큼 적응에 대한 걱정도 큰 편이기 때문에, 입사 첫날부터 함께 일할 동료와 부서를 이해하고 팀과 자연스럽게 어우러질 시간을 충분히 확보하기로 했다.

회사의 이해도를 높이는 '조직문화 소개' 세션을 추가하고, 조직장, 돌보미와 함께하는 점심도 '온보딩 런치'로 이름을 바꿨다. 단순한 식사를 넘어 편안한 분위기에서 서로의 기대와 업무에 관한 이야기를 나눌 수 있도록, 간단한 런치 활용 가이드도 함께 제공했다.

그리고 '웰컴 피켓' 문화를 만들었다. 우아한형제들 신규 입사자들이 감동하는 순간 중 하나가 회사 입구에 붙어 있는 웰컴 포스터를 처음 만날 때다. 각 팀의 돌보미가 직접 만들어 붙이던 것인데, 이를 회사 전체로 확장한 개념이다. 우리는 돌보미 분들께 포스터를 하나씩 더 뽑아 첫 만남 때 들고 있어 달라는 안내를 드렸다.

마치 공항에서 피켓을 들고 맞이하는 것처럼, 서로를 쉽게 알아보고 분위기를 부드럽게 풀어주기 위해서다. 새로운 웰컴 피켓 문화가 자리 잡으면서, 점심시간마다 팀별로 웰컴 포스터나 피켓, 핸드폰 전광판 앱을 흔들며 신규 입사자를 부르는 모습이 또 하나의 웰컴온 진풍경이 되었다.

온보딩 담당자가 함께하는 시간과 전달하는 설명이 줄수록 경험이 떨어질 것이라는 걱정은 개편 과정에서 싹 사라졌다. '팀 온보딩 강화'가 중심인만큼 오히려 더 좋은 경험이 될 것이라는 확신이 들었다. 프로그램이 반일 과정으로 바뀌자 몇몇은 너무 짧다고 생각했으나, 대부분은 '오히려 잘됐다'고 반겼다.

꼭 필요한 것을 고민한 결과 심플해졌고, 결과적으로 두 마리 토끼를 잡았다. 웰컴온 담당자들은 반일 과정으로 압축된 프로그램 덕분에 오후 시간을 다른 업무에 활용할 수 있게 되었고, 준비와 운영의 에너지를 줄일 수 있었다. 신규 입사자들은 점심 식사 이후 팀과 함께하며 실무 적응과 회사 생활에 필요한 정보를 효과적으로 얻을 수 있었다. 양쪽의 효율성과 경험이 모두 좋아졌다.

이 일을 통해 나는 '덜어낼 용기'를 얻었다. 글을 쓸 때처럼 더하기보다 빼기가 훨씬 어렵다는 걸 느꼈다. 관습화된 일에 변화를 주려면 먼저 변화하려는 목적과 일의 본질을 고민해야 한다. '이게 될까?'라는 두려움은 버리고, 덜고 또 덜어내다 보면 진짜 중요한 것들이 보인다.

남은 것들은 우선순위를 다시 세우고, 디테일을 높여 완성도를 만들어야 한다. 언제나 같은 일을 하면서도 결과가 다른 사람들의 비법은 한끝을 더 고민하며 다듬었던 디테일에 있다는 것을 배웠다. 그래서 나 역시 끝낼 법한 일도 한 번 더 들여다보려고 노력한다.

누군가는 이렇게까지 고민할 필요가 있냐고 묻겠지만, 나는 안다. 온보딩 디테일 하나가 어떤 사람에겐 이 회사를 계속 다닐 이유가 되기도 한다는 걸. 그것이 웰컴 키트의 메시지 하나, 안내 메일의 문장 하나, 첫 점심 식사의 순간까지 고민하는 이유다. 나와 같은 고민에 빠진 누군가가 있다면, 한번 '덜어낼 용기'를 내보았으면 좋겠다.

04

일에도 쾌락이 필요하다

"일할 때 어떤 게 중요해?" 직장 동료들과 자주 나누는 화제다. 답은 저마다 다르다. 높은 성과가 중요한 사람, 실수하지 않는 게 중요한 사람, 역할 구분이 중요한 사람, 자율성이 보장되어야 하는 사람… 곰곰이 생각해 보니 나는 일할 때 쾌락이 중요한 사람이다.

쾌락의 사전적 정의는 이렇다.

1. 유쾌하고 즐거움. 또는 그런 느낌.
2. 감성의 만족, 욕망의 충족에서 오는 유쾌하고 즐거운 감정.

'아기자기하게 즐거운 기분이나 느낌'을 뜻하는 재미와는 살짝 다르다. 내게 쾌락은 일하는 과정에서 함께하는 동료들과 느끼는 감정이다.

사회초년생 때는 일의 재미를 몰랐다. 해야 해서 하는 일이 대부분이었다. 그러다 '더 잘하고 싶어지는' 일들을 만났다. 일의 의미를 발견했기 때문이다. 일의 의미를 느끼니 몰입하게 되고 성과가 나니 신바람이 나기 시작했다. 당시 나는 대학생 서포터즈, 스타트업 투자 공모전, IT 기획자 선발 공모전 등 '사람'과 닿는 일을 하고 있었다. 일의 재미를 알게 된 순간이었다. 일의 재미를 넘어 쾌락을 느끼게 된 곳은 우아한형제들 피플실에서였다. 고군분투하다 하고 싶은 일을 같이하는 동료들을 만났을 때, 기쁨과 성과는 배가 되었다.

내가 느끼는 일의 쾌락은 두 가지다. 첫째는, 함께 일하는 동료들과 만들어내는 과정 그 자체다. 혼자서는 풀기 어려운 과제도 동료와 함께 머리를 맞대면 새로운 길이 열린다. 서로의 부족함을 채우고, 강점을 키우며 조금씩 앞으로 나아가는 그 순간들이 쌓여 혼자서는 하지 못할 큰 성과를 만든다. 일하는 과정에서 함께 만들어내는 에너지는 오늘 더 앞으로 나아갈 추진력이 되고, 결실을 보았을 때의 짜릿함은 일을 지속하게 만드는 동력이 된다.

둘째는, 일을 하면서 성장과 성취의 욕구가 충족되는 것에서 오는 유쾌한 마음이다. 내가 오늘 더 성장하고 있다는 것을 느낄 때 즐겁다. 어제는 미처 보지 못했던 부분을 오늘 보게 되었음에 대한 짜릿함, 누군가에게 알려주고 나눠주는 사람이 되었다는 것에 대한 감사함. 이런 작은 성취들이 쌓여 자신감이 되고, 다음 날 일터로 향하는 발걸음을 가볍게 만든다. 함께 일하는 즐거움과 개인적

성장에서 오는 희열이 만날 때, 일은 그저 해야 하는 것이 아니라 하고 싶은 것이 된다.

그런 나였기에, 온보딩 파트장이 되어 처음한 다짐 역시 '일이 즐거운 파트'를 만들자는 것이었다. 단단한 심리적 안전감을 바탕으로 일하는 과정과 결과 모두를 의미 있게 만들어 가고 싶었다. 우리 파트가 생기고 나서 가장 먼저 했던 일이 서로가 생각하는 '일'에 대한 관점과 생각을 나누고, 함께 그라운드 룰을 만드는 것이었다. 파트원들과 만든 최소한의 그라운드 룰은 이랬다.

1. 내가 하는 일의 목적과 의미를 알고 일하기
   - 일의 주인은 나다. 자발적으로 알아서 잘하는 파트 되기
2. 일할 때 고민되거나 필요한 게 있다면 주저하지 않고 언제든 도움 요청하기!
   - 손발 척척, 일의 경계 없이 협력하며 고민하고 재미지게 일하는 파트 되기

우리는 전사 단위의 여러 프로젝트를 하면서 정말 그라운드 룰처럼 일했다. 타고난 긍정 에너지로 여간해서는 'No'를 외치지 않고 모든 것을 함께 해주었던 파트원들 덕분이었다.

일의 쾌락을 느끼려면 일이 잘되어야 하는 것이 당연지사다. 나는 일이 잘되기 위해 가장 중요한 것 중 하나가 분위기라고 생각한다. 서로 도우며 하나의 목표를 이루기 위해 함께 달려가는 분위기가 일을 즐겁게 만든다. 그래서 나는 일터의 공기를 주목한다. 일을

풀어가는 과정이 고되더라도 함께 하는 동료들과는 소소한 즐거움과 힘들어도 잃지 않는 웃음의 에너지가 항상 함께했으면 좋겠다. 언제나 위트는 잃지 말자는 것이 내 신조다.

그래서 굳은 분위기에서는 좀 더 분위기를 풀려고 노력하고, 한 마디라도 던져본다. 처음 함께 일하는 부서 미팅이 있으면 내가 먼저 말을 건네고 편안하게 다가가려고 노력하는 편이다.

하지만 일하는 과정이 언제나 좋을 순 없다. 슬럼프가 깊게 찾아왔던 어느 날, 언제나 냉철하고 객관적인 피드백으로 신뢰를 주는 동료에게 물었다.

"나는 뭘 잘하는 사람이야?"
"일에 앞서 사람을 한순간에 무장해제 시키는 사람. 그게 영은님의 소통 능력이라고 생각해."

어찌 모두에게 내가 그런 사람일 수 있겠는가. 그러나 생각할수록 참 고마운 말이었다. 그 말은 어떤 일을 하든 변하지 않을 나의 방식이고 철학이었다. 그래서 나는 믿는다. 일터에서 서로를 진심으로 대하는 마음이 숫자나 성과보다 오래가는 성취를 만든다고.

05

밤에는
집으로 출근한다

나에게 육아휴직은 일종의 도피이자, 막연히 그리는 유토피아였다. 아이를 키우는 과정이 얼마나 고단하고 어려운 것인지 그때는 몰랐다. 조금 힘들기는 하겠지만 괜찮을 것 같았다. 아이를 낳고 육아휴직을 하면 단순히 '쉬는 것'이라고 생각했다. 패턴화된 회사 생활을 잠시 멈추고 나를 돌아보고 싶었다. 하지만 아이를 낳고 보니 그것은 그저 꿈일 뿐이었다.

주위 사람들은 아기가 누워있을 때가 제일 편할 때니, 엄마 건강을 위해 아기는 그냥 눕혀두고 밥을 잘 챙겨 먹으라고 했다. 하지만 집에 돌아온 나는 그럴 정신이 전혀 없었다. 아기가 자는 동안 젖병을 닦거나 이유식을 만들어야 했기에 내 식사는 주로 빵과 우유였다. 사골국만 며칠째 마시던 어느 날, '회사에 돌아가고 싶다'는 마음이 들었다. 이렇게 출근이 간절했던 적은 없었다.

복직 후 3개월은 "회사에 신규 입사했을 때보다 복직하고 적응하는 게 몇 배는 더 힘들어요."라던 팀장님의 말이 사실임을 절실히 느끼는 시간이었다. 신규 입사자는 모를 수 있다는 전제가 있지만, 복직자는 함께 일하던 동료이기에 기대치가 존재한다는 것이었다. 그리고 나는 그 무게를 체감했다.

육아의 느린 템포에서 갑자기 마주한 일터의 속도는 숨이 찼다. 1년 넘게 일손을 놓았으니 업무 감각은 굳어 있었다. 후배들은 이미 프로가 되어 있었다. 그들이 대견하게 보이면서도, 오랜 시간 나만 멈춰 있었던 것 같아 서글프기도 했다.

이 간극을 메우려면 더 많은 시간을 공부와 일에 쏟아야 했다. 마음은 급한데 시간이 없었다. 아이를 재우고 나면 밤 9시, 집 안을 정리하고 설거지를 마치면 자정이 됐다. 미처 끝내지 못한 업무를 새벽까지 붙잡는 날도 있었다. 워킹맘으로서 가장 뼈저리게 느낀 건, 전부 잘 해낼 시간이 절대적으로 부족하다는 사실이었다.

아이 등원을 위해 함께 출근할 때면 차 안에서 신호를 기다리는 틈틈이 화장을 했다. 아이를 챙기느라 내 매무새는 늘 뒷전이었다. 회사 지하 주차장에 차를 대고 미처 못 그린 아이라인을 그리고 있을 때였다. 시선이 느껴졌다. 고개를 들자, 같은 직장 어린이집에 아이를 보내는 남자 동료와 눈이 딱 마주쳤다. 낯익은 차라서 쳐다봤을 것이다. 상대방과 동시에 눈을 피하며, 나는 민망함을 넘어 일종의 패배감을 느꼈다. 다시는 차에서 화장하지 않으리라 다짐했지만, 그 다짐이 오래가진 않았다.

시간이 흐르면서, '시간이 약'이라는 말처럼 일터와 가정을 오가는 내 일상은 균형을 찾아갔다. 마음가짐이 바뀐 덕분이었다. '당연히'라는 말이 내 마음을 도왔다. 아이를 돌봐야 하니 못 끝낸 일은 '당연히' 밤에 이어서 하는 것이라는 마음. 아이가 있으니 시간이 부족한 건 당연하다는 마음. 아이와 보내는 저녁은 짧아도 온전히 쏟아 주되, 잠든 아이를 눕혀 놓고 컴퓨터 앞에 앉는 시간을 지켰다. 평생 아침형 인간이었던 내가 밤이 주는 고요함과 영감을 알게 됐다. 일이 없는 날엔 독서나 글쓰기에 시간을 쓰기로 했다. 나만의 시간은 짧지만 오히려 주어진 시간을 감사히 여기며 더 소중히 쓸 수 있게 되었다.

다시 일의 템포를 찾을 수 있었던 건 고마운 동료들의 배려와 도움 덕분이기도 했다. 아이 때문에 비워야 하는 시간을 이해해주고 빈자리를 채워 주는 동료, 미안함을 느끼는 나를 오히려 위로하고 격려하는 동료, 날 성장시키는 진심 어린 피드백과 응원을 쏟아 주는 동료… 이들이 만들어준 밤들은 참 따뜻했다.

복직 후 가장 힘든 시기에 동료가 건넨 작은 감사패는 오랫동안 곁에서 힘이 되었다.

"영은과 함께 일할 수 있어서 정말 좋아. 늘 다정하고, 명확하며, 포용력 높은 영은과 일할 수 있다니 든든하고 힘이 난다. 영은은 자신

이 생각하는 그 이상의 일하는 능력을 가진 멋진 사람이란 거 잊지 말아줘. 늘 곁에서 응원할게." -짝궁-

조직문화 일을 하면서 나는 이직을 했고, 아이를 낳았고, 워킹맘이 되었다. 피플팀이 피플실로 바뀌며 탄생했던 컬쳐커뮤니케이션팀의 태동을 함께했고, 온보딩 경험 파트를 맡았다가, 다시 소통을 고민하는 자리로 돌아왔다. 이 많은 변화는 나를 단단하게 만들었다. 또한 분주한 삶 속에서 일을 재미있게 오래 하기 위해서는 밸런스를 찾아야 한다는 깨달음을 주었다.

낮에는 회사에서 동료와 함께 성과를 만들고, 밤에는 집에서 나만의 속도로 삶을 쌓아간다. 동료들과 와글와글 아이디어를 나누던 낮이 지나면, 아이와 함께 침대에 누워 오늘 있었던 일을 도란도란 이야기하는 밤이 온다. 두 세계는 전혀 다른 듯하지만, 나를 양쪽에서 성장시켜 주는 고마운 축이다.

이 균형이 무너지지 않을 때 일도 삶도 오래 지속될 수 있다. 낮과 밤, 일터와 집. 서로 다른 속도와 온도가 만들어 내는 오늘 하루는 어느 하나 소홀히 할 수 없는 내 역할을 잘 해냈을 때 비로소 마침표를 찍는다. 그래서 오늘도 나의 성장은 진행형이다.

돌이켜보면, 내 삶도 조직문화와 닮아 있다. 때로는 '이렇게까지 고민해야 하나?' 싶을 정도로 세심하고 진심 어린 마음이 일과 삶 모두에 필요했다. 조직문화가 구성원의 경험과 닿아 있듯, 나의 삶은 부모의 뒷모습을 보며 자란다는 아이의 경험과 닿아 있다. 눈에 보이지 않는 마음과 노력이 모여 조직문화라는 밭에 좋은 일터라는 열매를 맺듯, 나의 삶도 아이와 함께 매일 조금씩 더 풍성해지고 아이 역시 자신의 결실을 맺어간다.

워킹맘으로 살며 깨달은 것은 시간이 제한적일지라도 그 안에서 만들어 내는 깊이는 무한하다는 사실이다. 그래서 나는 오늘도 사소해 보이는 '뭘 이런 것까지'도 외면하지 않는다. 그 작은 고민 하나하나가 결국 내 일과 삶을 단단하게 세우고 더 나은 내일과 건강한 조직문화를 일구는 씨앗이 되기 때문이다.

부서/직무 소개

조영은

컬쳐커뮤니케이션팀
#조직문화 #소통 #인터널브랜딩

"안녕하세요, 매일 더 일하기 좋은 일터 만들기를 꿈꾸는 컬쳐커뮤니케이터 조영은입니다." 저는 컬쳐커뮤니케이션팀에서 조직문화를 가꿔가고 있어요. 저희 팀은 전사 구성원이 원활하게 소통하고, 우아한형제들의 조직문화를 경험할 수 있도록 여러 활동을 진행하고 있어요. 주로 전사 및 조직별 타운홀, 구성원과 구성원을 연결하는 커뮤니케이션 콘텐츠 등 다양한 소통 콘텐츠를 기획하고 실행합니다. 어떻게 하면 메시지가 더 공감되고 잘 전달될 수 있을지를 고민하며, 그 속에서 회사의 전략과 방향을 녹이는 팀이에요. '지금 우리 회사에 필요한 메시지는 무엇일까?'를 찾아 커뮤니케이션 캠페인을 벌이기도 하죠.

이와 함께 공간, 이벤트, 미팅, 회의 등 다양한 접점에서 구성원이 조직문화를 자연스럽게 경험할 수 있도록 연결합니다. 일터에서 문화를 경험하게 만든다는 것은 곧 할 수 있는 일이 무궁무진하다는 뜻이겠죠. 매일을 모험처럼! 오늘도 컬쳐커뮤니케이션팀은 문화를 피워내고, 그 문화가 구성원의 일상 속에 자연스럽게 스며들도록 만들어갑니다.

우아한 기획자들의 요즘 업무 이야기
테크기업 일잘러는 어떻게 한술 더 뜨는가

발행일 2025년 11월 21일
펴낸곳 유엑스리뷰
발행인 현호영
지은이 우아한형제들 기획자들
편 집 이은성
디자인 최치영
주 소 서울특별시 마포구 월드컵북로58길 10, 더팬빌딩 9층
팩스 070.8224.4322

ISBN 979-11-94793-36-6

* 출판사의 허가 없이 본 도서를 편집 또는 재구성할 수 없습니다.
* 잘못 만든 책은 구입하신 서점에서 바꿔 드립니다.